Klaus P. Fischer

VOM ZEUGNIS ZUM ÄRGERNIS ?

*ANMERKUNGEN UND THESEN
ZUM PFLICHTZÖLIBAT*

Impressum

Vom Zeugnis zum Ärgernis – Anmerkungen und Thesen zum Pflichtzölibat

ISBN-Nr.: 978-3-9814195-0-4

2. Auflage vom 1. März 2011

(Hrsg.) V.i.S.P: Adlerstein Verlag
Hans-Jürgen Sträter
Wacholderstr. 26
26639 Wiesmoor
Tel.: 04944-5815

Fax: 04944-5839
Email: kontakt @ adlerstein.de
Internet: www.adlerstein-verlag.de

Herstellung: Books on Demand, Norderstedt

Coverfoto: REUTERS/Max Rossi

Alle Rechte vorbehalten
© Adlerstein Verlag Wiesmoor, 2011

Die Sexualität wurde uns vom lieben Gott geschenkt und er hat auch seine gesamte Schöpfung darauf aufgebaut. Auch der Heilige Vater, die Kardinäle und die Bischöfe verdanken ihre irdische Existenz diesem Prinzip. Vor langen Jahren, im Mittelalter, hat dann der Papst mit seinem Umfeld bestimmt, dass sich seine Priester von diesem Prinzip fernzuhalten haben.
Ich frage mich immer wieder: Warum? Warum will sich die Kirche von dieser Festlegung nicht trennen?
Mir hat noch jeder, der sich in theologischen Fragen auskennt, gesagt, dass es keine biblische Stelle gibt, aus der sich das ableiten ließe.
Allenfalls könnte man Mt 19,12 und 1Kor 7 heranziehen; aber ein göttliches Gesetz ist das sicher nicht. Gott hat die Entfaltung seiner Schöpfung mit dem mächtigsten und schönsten Trieb des Menschen verbunden und die Institution Kirche verweigert dies den Priestern. Das will mir einfach nicht in den Kopf gehen. Die Hoffnung, dass sich noch etwas bewegt, habe ich noch nicht aufgegeben.

Leserbrief von R. R. aus M. (2010)

Wer sich angesichts irgendeines Problems mit den Gedanken zufrieden gibt, die er ohne weiteres in seinem Kopf vorfindet, gehört intellektuell zur Masse. Den hervorragenden Menschen dagegen kennzeichnet die innere Notwendigkeit, von sich fort zu einer höheren, objektiven Norm aufzublicken, in deren Dienst er sich freiwillig stellt.

José Ortega y Gasset

Those who cannot remember the past are condemned to repeat it.

George Santayana

VORWORT

Als Jesus sich mit den Jüngern an einen einsamen Ort zurückziehen will, stellt er fest, dass ihnen viele Menschen folgen, und es heißt, Jesus habe, angesichts der Menschen-Menge, „sich ihrer erbarmt; denn sie waren *wie Schafe, die keinen Hirten haben*" (Mk 6,34 Par Mt 9,36 [Num 27,17]). Zu solchem Erbarmen wäre auch heute Anlass, gibt es doch in ganz Europa (von anderen Kontinenten zu schweigen) zahlreiche Gemeinden ohne Hirten, eine Not, der man durch Zusammenlegung priesterloser Gemeinden zu überpfarrlichen Pastoral-Einheiten notdürftig und (wie man einräumt) nur provisorisch abzuhelfen sucht, mit der Furcht, die Priesternot werde sich weiter verschärfen.

Hinzu kommen in traditionell christlichen Ländern Austrittswellen von Katholiken, die, von der scheibchenweise fortschreitenden, amtlichen Zurücknahme vom Konzil angestoßener Aufbrüche (wie sie empfinden) enttäuscht, an der Menschen-Unfreundlichkeit ihrer Kirche (wie sie fühlen) verzweifelnd, über sexuelle Übergriffs- und Vertuschungspraxis nicht weniger Amtsträger empört, ihr den Rücken kehren – viele im Schmerz, der christliche Glaube, wie sie ihn als Kinder aufgenommen hatten, sei zwar etwas Schönes, aber offenbar zu schön, um wahr zu sein: um die kirchliche Realität in seinem Geiste je neu zu gestalten. Es gibt – legt man amtliche Verlautbarungen zugrunde – anscheinend nur wenige, die sich offen zu fragen trauen, was in dieser Situation „der Geist zu den Kirchen (Gemeinden) sagt" (Apk 2,7.11 usf). Die Nachfrage nach geistlichen Seelsorgern und Hilfe zu im Glauben nachvollziehbaren Lebensperspektiven ist, bei Alt und Jung, riesig, und sie nimmt zu.

Doch ein frisch gekürter, deutscher Bischof, nach dem Priesterzölibat gefragt, nannte ihn eine „so grundlegende Frage", dass er, zumal in Krisenzeiten, daran keine Veränderung wünsche. Ein mir bekannter, traditionell denkender Theologe pflegt – wissend um die Begrenztheit menschlicher Optik – im Konfliktfall jedoch einzuräumen: *Das kann man auch anders sehen* !

Es wäre kurzsichtig, im Pflichtzölibat katholischer Priester die hauptsächliche Krankheitsursache oder, umgekehrt, das Heilmittel für die Krise zu sehen. Es scheint aber, dass in der ehrlichen Aufarbeitung der äußeren wie inneren Geschichte des Amtszölibates Chancen liegen würden, der aktuellen, pastoralen und missionarischen (!), Notsituation der katholischen Kirche ernsthaft zu begegnen: *sapienter sis audax* !

Die folgenden Seiten wollen zur Behebung von Krisen-Ursachen und zur Erhellung möglicher Chancen und Weichenstellungen einen kritisch-konstruktiven Beitrag leisten. Dabei ist es nicht vermeidbar, auch amtliche, etwa bischöfliche, Äußerungen zur Lage der Kirche und Problembewältigung unter die Lupe zu nehmen. Damit Kritik, wo sie anfällt, nicht von vornherein als Polemik gegen bestimmte Personen missverstanden wird, sind die Namen der amtlichen Urheber kritisierter Äußerungen weggelassen. Es ist allerdings vorauszusehen, dass einige Leser diese Seiten mit einer Mischung aus Ingrimm und Enttäuschung aufnehmen werden. Sie sind gebeten, falls sie um alternative, überzeugend bessere Lösungsansätze wissen, sie unverzüglich bekanntzugeben.

Das *Memorandum zur Zölibatsdiskussion,* 1970 von der damaligen Glaubens- (Theologen-) Kommission der deutschen Bischöfe erstellt, aber ohne Echo, enthält bereits alles Wesentliche.

Interessierten Lesern sei Geduld empfohlen.
Das Folgende verdeutlicht, dass die Glaubens- und Seelsorgs-Krise, die weite Teile der Kirche erfasst hat, tiefer wurzelt, von weiter herkommt, als die „Tagesschau" oder Tageszeitung wissen und bieten kann. Vielleicht liegt darin auch eine Antwort auf den vorgenannten Leserbrief.

Das Coverfoto zeigt den Papst, wie er leicht irritiert, prüfend, doch nicht ohne Wohlwollen die weiße Taube betrachtet: diese ist ein uraltes, schon vorchristliches Symbol für die Liebe und erscheint in dieser Bedeutung bei Jesu Taufe im Jordan.

Die einstige Beobachtung des Frankfurter Pfarrers *Lothar Zenetti* mag weiterhin zu denken geben:

Frag hundert Katholiken,
was das Wichtigste ist
in der Kirche.
Sie werden antworten: Die Messe.
Frag hundert Katholiken,
was das Wichtigste ist
in der Messe.
Sie werden antworten: Die Wandlung.
Sag hundert Katholiken,
dass das Wichtigste
in der Kirche die Wandlung ist.
Sie werden empört sein:
Nein, alles soll so bleiben wie es ist!

Heidelberg, im November 2010
                                            Der Verfasser

INHALT   Seite

1. Gemeinden in Not   15

2. Die Hypothek der äußeren Geschichte   25
   der Zölibatspflicht
3. Zölibat als ´System` und als Zirkel   35

4. Ein prominentes und typisches Missverständnis 45

5. Die Hypothek der inneren Geschichte   50
   der Zölibatspflicht
6. Herkömmliche Priester-Ausbildung und   61
   sexuelle Befangenheit
7. Zölibat als Pflicht – Zölibat als Berufung   83

8. Liebe als berufende Kraft   108

9. Christus als erster Zölibatär der Kirche?   119

10. Maria als „Mutter" der zölibatären Priester 133

11. Priester „in der Person Christi": eine Formel 139
    auf dem Weg zur Karriere?
12. Zölibat und Gemeinschaft   159

13. Freiheit und individuelles Charisma   167

14. Um die Zölibatspflicht: Zerreissprobe   175
    oder Neubesinnung?
15. Ergebnis   193

    Verwendete Literatur   209

    Zum Autor   214

VOM ZEUGNIS ZUM ÄRGERNIS ?

Anmerkungen und Thesen zum Pflichtzölibat

1. Gemeinden in Not

Seit Jahrhunderten, immer wieder aufflammend, wird in der römisch-katholischen Kirche über den Zölibat gestritten. Gemeint ist hier der Zölibat der Weltpriester, nicht der viel ältere Zölibat der Ordensleute in männlichen wie weiblichen Gemeinschaften, wo die ehelose Lebensform als einer der drei „evangelischen Räte" gelebt wird, und zwar als „eschatologisches Zeichen". Als solches ist die ehelose Lebensform für die Kirche fraglos unentbehrlich, da die Botschaft Jesu nicht bloß eine sozialkaritative Initiative ist, sondern über dieses Leben hinausweist in eine Vollendung des Menschseins in der Lebensgemeinschaft mit Gott selbst. Auf dem Zölibat als „eschatologischem Zeichen", wie es in Ordensgemeinschaften gelebt wird, liegt also im Folgenden *nicht primär* das Augenmerk, obschon er immer wieder kontrastierend in den Blick gerät.[1] Die lange, auch durch Machtsprüche nicht beendbare Kontroverse gilt praktisch allein der Zölibatspflicht für Weltpriester.

---

(1) Die Warnung eines Ordensmannes ist bedenkenswert: „Tatsächlich verdunkelt das Zölibatsgesetz ... die ´Ehelosigkeit um des Himmelreiches willen`"; es bleibe unklar, „ob der Priester die Ehelosigkeit letztlich um des Himmelreiches willen gewählt oder nur ´in Kauf genommen` hat, weil er die Priesterweihe erstrebte": P. Knauer SJ, 830. Wenn das durch Sanktionen verstärkte Zölibats-Gesetz per se das Motiv der Priester in den Augen der Leute ambivalent erscheinen lässt, ist der amtlich reklamierte Zeichen-Charakter des Priester-Zölibats erheblich beschädigt.

Einige kirchliche Meinungsführer relativieren die Zölibatsdiskussion der letzten Jahre (reagieren jedoch allergisch auf jeden lauten Zweifel am Zölibat): der Priester-Zölibat sei ja von Anfang an und immer umstritten gewesen (sie meinen, man müsse daher neue Zölibatsgegner nicht sonderlich ernst nehmen).

Andere sehen als Grund für das Wiederaufbrechen der Diskussion die nachhaltige Aufwertung der Ehe; solange die Ehe (obwohl Sakrament) atmosphärisch und in der offiziösen Diktion als etwas Minderwertiges galt, seien junge Männer eher zur Übernahme des zölibatären Priesterberufs bereit gewesen.(2) Wieder andere situieren den wachsenden Widerstand gegen den Amtszölibat in weiterem Rahmen. Die „religiöse Rehabilitierung von Welt, Natur, Materie", ja die „Wiederentdeckung des religiösen Gehalts der ´natürlichen` Wirklichkeit" habe zu Unverständnis und Ablehnung des Zölibats in weiten Kreisen geführt.(3) Im Verein mit diesen beiden Gründen sehen wir noch einen weiteren, von traditionell Denkenden bislang nicht ernsthaft gewürdigten Grund: es ist das im 20. Jahrhundert weltweit erwachte und vertiefte Bewusstsein und Gespür für die Freiheits-Rechte jedes Menschen als Person, zu denen auch die religiöse Freiheit gehört. Das Recht auf religiöse Freiheit gründet in der „Würde der menschlichen Person selbst". Unter der „sanften Führung" Gottes hat jede(r) das Recht, „die Wahrheit im Bereich der Religion zu suchen".

Religionsfreiheit ist „Freisein vom Zwang in religiösen Dingen", besteht doch religiöse Praxis „vor allem in inneren, willentlichen und freien Akten, durch die sich der Mensch unmittelbar auf Gott hinordnet", Akte, die

---

(2) E. Schillebeeckx OP (1985), 299; H. Heimerl, 5
(3) I.F. Görres, 11ff

„von einer rein menschlichen Gewalt weder befohlen noch verhindert werden" dürfen.(4) Tatsächlich empfinden viele, die mit den stärksten Sanktionen behaftete Zölibatspflicht in der katholischen Kirche respektiere die personale, religiöse Freiheit Einzelner nicht wirklich, und zwar deshalb, weil sie den Zölibat, obzwar angemessen, aber dem Priesterberuf nicht wesenhaft zugehörig, mit diesem Beruf ausnahmslos konjungiert, diejenigen also, die sich nur zu diesem Beruf, nicht aber zur Ehelosigkeit berufen wissen, von der Weihe ausschließt, und jenen, die nach der Weihe erkennen, mit lebenslangem Zölibat überfordert zu sein, die Berufsausübung entzieht und ihnen dennoch die Heiratserlaubnis nur sehr restriktiv gewährt.

Der Konflikt erreicht ungeahnte Ausmaße dadurch, dass die katholische Kirche, zumal in den Industrieländern, für den Einsatz in der Seelsorge nur noch eine rapide sinkende Zahl von zölibatären Priestern aus dem Nachwuchs bereitstellen kann. Das hat zur Folge, dass herkömmliche Pfarrgemeinden in wachsender Zahl zu Pastoralverbänden, Seelsorgseinheiten usw zusammengelegt werden müssen und die verbliebenen Priester körperlich und seelisch überlastet sind. Dazu kommt die zu erwartende Beobachtung, dass bei Zusammenlegung von Pfarreien ganze Teile der bisherigen Gemeinden abbrechen, u.a. deshalb, weil die Wege zu Gottesdienst und Seelsorger weiter geworden, die seelsorgliche Ansprechbarkeit und Verfügbarkeit des aktiven Pfarrers erheblich eingeschränkt sind. Nicht nur sieht sich der sendungsmäßige Grundauftrag der Kirche in der Gesellschaft drastisch reduziert, er weist gegenwärtig wenig mehr auf als bischöfliche Einsprüche gegen gewisse Tendenzen in Politik, Medizin und „Zeitgeist" sowie Kirchentage und

---

(4) II. Vat. Konzil, Erklärung über die Religionsfreiheit Nr. 2-4

gelegentliche Akademie-Veranstaltungen, welche das Interesse der Medien erregen.

Inzwischen ist auch deutlich geworden, dass die Kirchenleitung in zahlreichen Fällen nicht einmal mehr die Grunddienste der ordentlichen Seelsorge gewährleisten kann. So haben nicht wenige Pfarrer und engagierte ´Laien`- Christen begonnen, sich öffentlich zu wehren gegen den sich beschleunigenden Erosionsvorgang der pastoralen Strukturen.(5) Da helfen, wie auch einige Bischöfe erkannten, Denk- und Diskussionsverbote nicht weiter. Nach einer kürzlich durchgeführten „Pfarrer-Umfrage" durch den Wiener Pastoraltheologen P.M. Zulehner sprach sich die große Mehrheit der befragten Pfarrer für die „Abschaffung des Zölibats" aus (so eine Pressemeldung), wobei über 80% der Befragten angegeben hätten, bei einer Freistellung vom Zölibat nicht heiraten zu wollen.

Diese Umfrage bewog etliche konservativ-katholische Medien dazu, ihr manipulative Absichten zu unterstellen und gleichzeitig Verlautbarungen von Zölibats-Verteidigern Raum zu geben, welche den Zölibat als spirituell kostbaren, unveräußerlichen Wert für Priester und Gemeinden propagieren. Ein für seine schroffen Attacken bekannter deutscher Bischof wandte sich gleichzeitig gegen jene, die den Zölibat ablehnten, weil sie „in einer Konsumgesellschaft" auf ihre „Kosten" kommen wollten; Priester seien „weder religiöse Dienstleister noch seelenlose Funktionäre". Es ist bezeichnend für die verengte Optik gewisser Leute, dass sie den Konflikt auf die spiri-

---

(5) In der 2. Stufe der pastoralen ´Konzentration` überlegt man derzeit zum Beispiel, wie eine Großstadt von 140 000 Einwohnern (davon bisher etwa die Hälfte Katholiken) zu einer Seelsorge-Einheit werden kann.

tuelle Ebene tragen, obwohl das Problem sich auf der pastoralen und disziplinarischen Ebene stellt.

Mit Berufung auf den abschließenden Kanon des Kirchenrechts, wonach das Seelenheil stets das oberste Gesetz (suprema lex) in der Kirche sein müsse (CIC Can. 1752), kann man jedoch aus guten Gründen die Überzeugung vertreten, dass der uneingeschränkte Weltpriester-Zölibat unter - katastrophalen – Umständen sich als zu enges Nadelöhr für die Bewältigung des pastoralen Notstandes (für den er wohl kaum die einzige Ursache ist) erweist. In dieser Überzeugung setzten sich gut zweitausend Katholiken einer Stadt zusammen mit ihren Pfarrern Anfang 2010 bei ihrem Bischof für eine Änderung der Zölibatsvorschrift ein, doch die bischöfliche Behörde bremste den Vorstoß, obwohl (vielleicht auch: weil) er Widerhall in der Presse fand.

Tatsächlich befürchten viele überzeugte Katholiken, dass die Notmaßnahmen das Verantwortungsbewusstsein der Verantwortlichen nicht genügend wecken, die Maßnahmen zu wenig greifen und die Seelsorge eher behindern als stärken – etwa im Blick auf die Jugend und auf das mehrheitlich nicht- oder andersgläubige Umfeld („die Welt")[6] eine Situation, wo auch für einen Verfechter des Priesterzölibats wie Karl Rahner die seelsorglichen Erfordernisse höheren Rang haben müssten als das Zölibatsgesetz. Unter den waltenden Umständen äußert der Priester-*Nachwuchs* verständlicherweise Rollen-Unsicherheit.

---

[6] In einem Brief an ihren Erzbischof (Dez. 2009) fragen Freiburger Theologiestudenten, wie Seelsorgeeinheiten Raum geben könnten für die Neugewinnung fernstehender Menschen für den Glauben und für die Begleitung solcher Neugewonnener, ja wie sie als Priester überhaupt in diesem Rahmen „bei Fernstehenden die Sehnsucht nach Gott wecken" könnten: Abdruck des Briefes in : Kontakte 2009/2010, 105. Über eine evtl. Antwort wird nichts berichtet.

Vielen drängt sich die Frage auf, ob der Priesterzölibat von den leitenden Instanzen wie eine „heilige Kuh" behandelt wird, die faktisch (dem Wortlaut amtlicher Versicherungen zum Trotz) über die Erfordernisse des „Seelenheils" gestellt wird. Das gilt erst recht, wenn ein Bischof (s.o.) nervös-aggressiv betont, Priester seien „weder religiöse Dienstleister noch seelenlose Funktionäre", das „Selbstmitleid" geißelt, damit aber faktisch priesterlose Gemeinden beschimpft, die über fehlende Pfarrer klagen und um Abhilfe nachsuchen. Ein anderer Bischof fragt besorgt, ob Qualität und Intensität der Seelsorge mit verheirateten Priestern „gesteigert" und ob mit ihnen die Zahl der Gläubigen ansteigen würde (er glaubt es eher nicht). Zudem sei, so derselbe Bischof, „Priestermangel" ein relativer Begriff: es gebe bei den Messfeiern der vorhandenen Priester viele leere Plätze; für die Gläubigen, die kommen, seien genügend Priester da. Äußerungen dieser Art, die auch schon von anderen zu hören waren (zB Seewald, „Licht der Welt" 177), kann man wohl nur als enervierte Trotzreaktionen werten, in denen die Furcht steckt, „die Kirche" würde, falls sie die Zugangsbedingungen zum Priesterberuf auf Druck hin änderte, Schwäche zeigen oder gar Fehler und Versäumnisse eingestehen.

Sie vergessen, dass die Kirche nach ihrem Grundauftrag Sendung/Zeugnis ist, und ignorieren, dass die Eucharistiefeier einen zeitlich-kräftemäßig relativ geringen Bruchteil des pastoralen Aufgabenfeldes eines normalen Priesters ausmacht. Die meisten Gläubigen kommen nur dann zur Messe, wenn der Priester auch in anderen Bezügen für sie da ist und die Begegnungen mit ihm dazu angetan sind, ihren Glauben zu bestärken oder zu vertiefen.

Da die vielen Alarmsignale das Ohr schwerhöriger Verantwortlicher nicht erreichen, legt sich im Blick auf den obligatorischen Priesterzölibat, in Erinnerung an die Warnung von 1Tim 4,1-5, folgendes Fazit nahe:
„Was in der Kirche dem öffentlichen Gespräch und der argumentativen Prüfung entzogen wird, wird eben dadurch verwechselbar mit einer in der Kirche unzulässigen Privatmeinung, die dies auch dann bleibt, wenn sie noch so offiziell und unter dem Anschein der Frömmigkeit vertreten wird ... Wo ... eine Diskussion für abgeschlossen erklärt wird, entsteht nur der Eindruck, die Argumente würden weiterer Befragung nicht standhalten können".[7]

Auf einer Tagung der Freiburger Akademie (Juni 2010)[8] war ein Teil der Referenten bemüht, die Verschärfung des Priestermangels als „einen Wink des Hl. Geistes" zu deuten, nämlich mit dem Ziel einer Emanzipation der Gemeinden von der Priester- und Sakramenten-Fixierung, hin zur Selbständigkeit in Wort-Gottes-Feiern, Bibelarbeit und Bibelgespräch, gemeinsamem Stundengebet usw., wovon schon einiges in etlichen Gemeinden geschieht. Es steht jedoch zu befürchten, dass dieses Konzept einem nicht kleinen Teil der Gemeinden zu viel zumutet.[9]

---

(7) Knauer, 832
(8) Vgl. Bericht in: Konradsblatt 27/2010, 14f
(9) Die „Mündigkeit" der Gemeinden stößt an Grenzen, die, je nach Ort und Milieu, persönliche Konstitution, familiäre oder berufliche Beanspruchung, Intelligenz, Bildungsgrad, Sprachvermögen usw ihrer Mitglieder setzen. Die meisten kirchlichen Reformvorschläge kommen von Intellektuellen, die solche Grenzen zu wenig veranschlagen. Hinter allem stellt sich das Basis-Problem: Wie sollen Menschen glauben, wenn sie nicht hören, wenn niemand verkündigt, niemand dafür gesandt wird? (vgl. Röm 10,14f) Gemeinden bedürfen erfahrungsgemäß der Verkündigung „mit Vollmacht" (Mt 7,29), wofür (geht es mit rechten Dingen zu) ihr Priester sowohl inhaltlich wie rechtlich einsteht.

Ein anderer Referent kam dem Grundproblem wieder näher: es gebe weniger einen Priestermangel als einen „Weihemangel", seien doch genügend Männer und Frauen vorhanden, welche den Dienst in der Kirche tun wollten und könnten. Ein weiterer Referent deckte ein anderes fundamentales Problem auf: die wachsende Entfremdung in den Gemeinden zwischen den Christen als Zeitgenossen und der kirchenamtlichen Doktrin mit ihrer „Eindeutigkeitsrhetorik", die zunehmend weder verstanden noch hingenommen werde. Im Grunde müsse man in den Gemeinden ganz neu anfangen und die Gottesfrage stellen, wie sie in der Bibel und in der Liturgie in Erscheinung tritt. In der Tat zeigt sich, dass mit dem dezidiert pflichtmäßigen Weltpriester-Zölibat – betrachtet man seine Geschichte und Entwicklung – noch andere Positionen, eher im Halbdunkel des Hintergrunds angesiedelt, koexistieren, welche als Miturheber der gegenwärtigen pastoralen Krise in Frage kommen, einer Krise, die eine tief polarisierende Spaltung innerhalb der katholischen Kirche verursachen kann.

Der Streit um den Zölibat wäre, so gesehen, nur das Symptom einer tiefer liegenden Misere. Wenden wir uns daher der Entwicklungsgeschichte des Weltpriester-Zölibates zu. Dabei werden diverse Motive sichtbar werden, die wichtige Teile einer bestimmten Weltanschauung, vor allem eines Menschenbildes, transportieren, die bzw. das heutzutage kaum Chancen auf Akzeptanz besitzt, weil das Lebens- und Weltgefühl der Menschen, auch der meisten Christen, dem entgegensteht. Ähnliches gilt für die Begründungen, soweit sie argumentativ präsentiert werden.

Wo eine Begründung für die ehelose Lebensform biblisch gegeben und von einer glaubwürdigen Lebensgeschichte gestützt wird, kann der Zölibat zwar durchaus Zustimmung finden. Das gilt jedoch nicht für die Neben- und Untermotive, welche von vielen Menschen zumal beim Amtszölibat gleichsam gewittert werden und sie zur Ablehnung bewegen. Sie spüren auch, dass die Argumente, die für letzteren ins Feld geführt werden, wenig Konsistenz enthalten und deshalb Verdacht erregen, vorgeschoben zu sein.

Um Missverständnissen möglichst von vornherein zu begegnen, sei schon hier betont, dass der Zölibat als Lebensform aus persönlicher Berufung allen Zweifeln und Gegenargumenten überlegen ist.

2. Die Hypothek der äußeren Geschichte der Zölibatspflicht

Innerhalb der ungetrennten christlichen Kirche entstanden etwa im 5. (Papst Siricius) und 6. Jahrhundert erste Überlegungen und Initiativen zum Ausschluss der Priester vom Vollzug der Ehe. Gegenüber dem Westen wurden im östlichen Teil der Kirche pauschale Bestrebungen solcher Art zurückgewiesen und später auf Bischöfe eingeengt; an der Weihe verheirateter Männer zu Gemeinde-Priestern hielt man jedoch fest.

Diese disziplinarische Auseinandersetzung um die Priesterehe zwischen Ost und West blieb daher bei der Spaltung zwischen Westkirche und Ostkirche um 1054 bestehen. Im Westen hatte sich bei den Päpsten des 11. Jahrhunderts, unterstützt von einigen übereifrigen Mönchen, die Überzeugung gebildet, die gesamte Kirche müsse nach dem monastischen Ideal ausgerichtet und erneuert werden. Die östlichen Kirchen jedoch ließen sich von dieser Vorstellung, die ein absolutes Eheverbot für Kleriker wollte, nicht überzeugen (s. Trullanische Synode 691). Die Exkommunikationsbulle, die im Juli 1054 auf dem Altar der Hagia Sophia in Konstantinopel niedergelegt wurde, beanstandete denn u.a. auch ausdrücklich, dass die Ostkirchen den „Dienern des heiligen Altares die fleischliche Hochzeit" gestatteten.

Unter Papst Gregor VII, einem Mönch, und seinen Nachfolgern im 11./12. Jahrhundert wurde im Westen die Vorschrift, dass Priester, auch verheiratete, enthaltsam leben müssten (ein unsinniges Gebot für Eheleute; anders die Ostkirche), forciert; sie führte im 12. Jahrhundert (2. Laterankonzil) zur Erklärung der Nichtigkeit von Priesterehen, weil „Ehebett und Unreinheit" unvereinbar seien mit Würde und Heiligkeit des Altardienstes.(10)

Diese Überzeugung bildete fortan das Leitbild für den Priesterberuf in der abendländischen Kirche und wurde ab da generell mit rigorosesten Strafen (Amts- und Pfründenverlust, öffentliche Entehrung, Ächtung von Frau [„Konkubinen"] und Kindern [„Bastarde"]) durchzusetzen versucht. Zunächst sollten verheiratete Priester ihre Ehefrauen entlassen; im Weigerungsfalle sollte der Landesfürst berechtigt sein, Klerikerfrauen als Sklavinnen zu verkaufen. Einige Hierarchen wiegelten gar das fromme Volk auf gegen verheiratete Priester und deren Frauen; letztere wurden, nach Ultimatum, auch nicht selten (samt Kindern) verjagt und für rechtlos erklärt, übrigens ohne Unterstützung für einen neuen Lebensanfang zu erhalten (die Frau als ´Eva`!).(11) So wurde im Lauf der Jahrhunderte Abertausenden von Klerikern, die offensichtlich keine Berufung zur Ehelosigkeit hatten, gegen ihren Willen und ihr Grundrecht auf Eheschließung der Zölibat – zuerst als Enthaltsamkeit, dann als Eheverzicht – aufoktroyiert und mit der Notwendigkeit der kultischen Reinheit begründet, einem Motiv, das inzwischen offiziell als obsolet beiseite gelegt wurde. Es ist wichtig, sich vor Augen zu führen, unter welch religiösen und politischen Rahmenbedingungen dies geschah.

Der Weltpriester-Zölibat als Ehe-Verbot wurde erstmals allgemein (für die lateinische Kirche) und (bis heute) endgültig verhängt in der Zeit der Kreuzzüge, genauer zwischen dem 1. und dem 2. Kreuzzug.

---

(10) Das Argument war nicht neu – schon Eusebius, Ambrosius, Augustinus, Joh. Chrysostomus dachten so.
(11) Näheres dazu bei Pfliegler, 28-41; Denzler (1993), 33-41; Heimerl, 2ff

Auf den Kirchenversammlungen jener Zeit wurden sowohl die Priesterehe ´gebannt` wie auch die Kreuzzüge initiiert unter dem Leitwort „Kriegsdienst Christi".

Die Jahrhunderte unmittelbar vor und nach dem Jahr 1000 waren ober- wie unterirdisch stark von apokalyptisch-endzeitlichen Erwartungen und Ängsten erfüllt(12) (Mohammed als „Antichrist", „Greuel der Verwüstung im Heiligen Land" [vgl. Mt 24,15], Endgericht über Satan und seine Anhänger [Apk 20,7-10]; Joachim von Fiores Endzeitvision); sie schienen den Rat des Paulus, ob der „bevorstehenden Not" und der zu Ende gehenden Welt wie er selber unverheiratet zu bleiben (1Kor 7,7.26. 31), dringlich zu machen.

Wenig später wurden christliche, der Gewaltlosigkeit verschriebene (!) Abweichler (´Ketzer`, Katharer) in Südfrankreich durch einen eigenen Kreuzzug grausam verfolgt, ihre Gemeinden erbarmungslos ausgelöscht.(13) Man pflegte (anders als an den berühmten Hochschulen) auch physisch unduldsam mit Gegnern der eigenen Richtung umzugehen, zumal man diese als die offizielle ausgeben konnte. Man kann sich leicht vorstellen, wie jene Männer an der Kirchenspitze, die für den „Heiligen Krieg" warben, mit der gleichen aggressiven Willensenergie gegen alle massiven Widerstände und Einwände (von Bischöfen und Pfarrern) die obligatorische Ehelosigkeit von Priestern verfügten.

(12) Heer, 203ff; Nigg, 143-185
(13) Selbst der hl. Dominikus, jahrelang im Gewand der Armut unter Katharern predigend, hatte nur geringe Erfolge. Als sein Predigt-Feldzug am Ende war, soll er 1208 gesagt haben: „Ich habe gepredigt, gefleht, geweint. Aber wie man üblicherweise in Spanien sagt: Wo der Segen nichts hilft, taugt nur der Stock ... So wird Gewalt siegen, wo Sanftmut gescheitert ist": statt des Evangeliums also Kreuzzug. Zit. nach Serrus, 15; Aubarbier/Binet, 15. Die Geschichte lehrt, dass man zu kurz greift, wenn man (wie Schillebeeckx) die am Zölibat praktizierte Härte der Kirchenleitung nur auf das Konto des zu großen „Vertrauens in Zuchtmaßnahmen" setzt: (1967), 89.

Dieser zeitgeschichtliche Zusammenhang sei hervorgehoben, weil es scheint, dass etwas von der Gewaltsamkeit des kirchlichen Mittelalters mit seinen „eisernen Jahrhunderten" gegen die „Feinde des Glaubens" sich bis heute in der rigorosen Zölibatsgesetzgebung, Diskussionsverweigerung (das 2. Vatikanische Konzil durfte das Thema nicht erörtern!), harten Behandlung von Priestern (inklusive ihrer Gemeinden, denen der Seelsorger genommen wird – heute meist ersatzlos), die den Zölibat nicht bewahren können, erhalten hat. Es ist schwer vorstellbar, dass Motive und Handlungsweisen von Inspiratoren und Entscheidungsträgern im kirchlichen Altertum oder im Mittelalter bloßer „Schnee von gestern" sind, weil ´man` heute anders denke und argumentiere. Vielmehr sind jahrhundertelang bestimmende Motive und Verhaltensweisen in den psychischen Mutterboden der Kirche eingesickert, wo sie subkutan weiter wirken und von Ausgräbern jederzeit wieder gehoben werden können Wie ein böses Echo mutet der Spruch an, den ein – etwas radebrechender – Beobachter einmal äußerte:

„Priester müssen Zölibat erben
 oder müssen daran sterben"

(Oder müssen die Gemeinden sterben?)

Es gab und gibt Stimmen, die diese Gewaltanwendung bei Durchsetzung des Zölibatgesetzes als historisch und geistlich notwendig rechtfertigen. Zwar wird eingeräumt, die Sache sei „von oben her, gegen großen und verbreiteten Widerstand, zum Teil mit politischem Druck, mit Gewalt, also mit den fragwürdigsten Mitteln, durchgesetzt" worden.

Doch sei zu bedenken, dass entlang der Kirchengeschichte kaum ein heiliger Martyrer und Bekenner „ohne gewaltsamen, oft hochdramatischen und tragischen Ausbruch aus der Familie" ausgekommen sei, sie hätten „die Blutsbande ... mit einer geradezu erschreckenden Leidenschaft und Rücksichtslosigkeit durchgerissen", um für Gott frei zu werden, sie hätten also einen „Freiheitskampf" führen müssen, hätten sich als Handelnde der tiefsten Motive und Triebkräfte ihres Engagements gar nicht bewusst sein können. Oft genug erst im Abstand, in der Rückschau, in der Betrachtung aus großer Höhe werde die „zweite Intention" sichtbar, die hinter den damaligen Vorgängen und Handlungen stand.(14)

Das klingt, als würde die Leidenschaft für Gott jede Art von historischer Entscheidung, selbst Verfehlungen, aus der Zielperspektive rechtfertigen und absegnen. Eine derartige Sicht der Dinge hat jedoch die Moraltheologie zu Recht stets zurückgewiesen, obwohl kirchlicherseits oft im Gegensinn gehandelt wurde: zum Beispiel rechtfertigte der Vatikan die mit der *Conquista* verquickte Missionierung Lateinamerikas rückschauend mit der Bilanz: entscheidend sei, dass das Christentum zu den indigenen Völkern gedrungen sei; der Modus sei aus der Art der Zeit zu verstehen (Vatikan-Pavillon auf der Expo 1992 in Sevilla). Auch im Konflikt um den Priesterzölibat drängt so geartetes Denken auf Seiten der Kirchenleitung immer wieder an die Oberfläche.

Eine Kanonisten Äußerung nach dem 1. Weltkrieg enthüllt, wie viel Herrschaftsdenken im amtskirchlichen „Willen" zum Zölibat lebt: Man müsse für die unerbittliche Haltung Roms gegenüber Gesuchen um Dispens vom Zölibat die Vorsehung segnen: „die höheren Interes-

(14) I.F. Görres, 9. 46ff

sen der Kirche seien den Preis leidvoller Einzelschicksale wert".(15) Dagegen ist festzuhalten: die über Einzelschicksale im Grunde bedenkenlos hinweggehende Gewalt bei der Erzwingung des Pflichtzölibats im Hochmittelalter, die sich in der rigorosen Gesprächsverweigerung der Leitungsinstanz bis heute spiegelt, war und ist in der Form unrecht (auch gegen Gemeinden), die ungute Form macht auch den Inhalt fragwürdig. Das Unrecht der Form spüren auch die Leitungsinstanzen (wenigstens unterschwellig), daher das Bemühen, immer neue Begründungen – eigentlich Rechtfertigungen – zu finden.

Wenn es Heilige gab und gibt – wie Franziskus, Elisabeth von Thüringen, Thomas von Aquin, Bruder Klaus, Edith Stein –, die sich um der Sache Gottes willen nur gewaltsam aus Sippenbindungen zu befreien vermochten, so handelten sie strikt für sich selbst und eigenverantwortlich, sie hatten nur, was sie für sich selbst – nicht für andere – entschieden hatten, vor Gott und ihrem Gewissen zu verantworten. Die „höheren Interessen der Kirche" Einzelschicksalen überzuordnen, entspricht nicht wenig jenem Geschichtskonzept, dem Hegel, Marx, Burckhardt u.a. huldigten: die ihren eigenen Zweck verfolgenden, eben so Geschichte machenden Individuen seien die Heroen und „Geschäftsführer" des Weltgeistes, der Arbeiterklasse usf., der oder die mittels der „List der Vernunft ... die Leidenschaften für sich wirken lässt", um „rücksichtslos dem *einen* Zwecke" zum Durchbruch zu verhelfen.

---

(15) Heimerl, 55 ; Zweck heiligt keine Mittel: ´Weltkatechismus` Nr. 1753. 1759! Juristen sehen klar, dass beim Kampf, den Klerikerzölibat gegen alle Einwände u. faktischen Bindungen gesetzlich u. mit Brachialgewalt durchzusetzen, „grobe Verstöße ... gegen das göttl. Recht (´Naturrecht`) vor(kamen), die diese Bestimmungen ungerecht u. nicht verpflichtend machten" (Heimerl, 14). Nicht Gewalt, nur sie selbst kann Wahrheit begründen: „Licht der Welt", 70

Dabei werden „die Individuen (..) aufgeopfert", deren Glück zu „partikular", deren Einzelbedürfnis „meistens zu gering gegen das Allgemeine" sei; deshalb müsse der Weltgeist durch handelnde Heroen, derer er sich bedient, „manche unschuldige Blume zertreten" (Hegel in der Einleitung zu seiner Geschichtsphilosophie). Ein Konzept dieser Art kann und darf nicht im Namen Jesu auf die Kirchengeschichte angewandt werden und Geltung beanspruchen.

Ohne die Kirchenspaltung (Morgenländisches Schisma von 1054) wäre die Entwicklung der westlichen Kirche diesen Weg nicht gegangen. So ist festzuhalten, dass Zölibatsvorschrift und Zölibatsproblem der lateinischen Kirche sich historisch als unmittelbare Folgen aus der Trennung zwischen West- und Ostkirche darstellen.

Die Widerstände gegen diese ´Vermönchung` der Weltpriester waren und sind indessen so heftig, dass es – wie die Erfahrung zeigt – den örtlichen und überörtlichen Kirchenleitungen entgegen offiziellen Beteuerungen und Begründungen bis heute nie gelungen ist, die Einhaltung der Zölibatsvorschrift in einem überzeugenden Ausmaß sicherzustellen. Ein tieferes Verständnis für ihre Unabdingbarkeit fehlt sowohl bei einem Großteil des Klerus als auch in weiten Teilen der Gemeinden (zumal dann, wenn die Zölibatsregel als offenkundiges Hindernis bei der Versorgung der Gemeinden mit Priestern empfunden wird). Indiz für das weit verbreitete Unverständnis für den ausnahmslosen Weltpriesterzölibat innerhalb der Kirche ist die Tatsache, dass das heikle Thema (neben dem Thema Geburtenkontrolle) auf Geheiß der ´Konzils-Päpste` (Johannes XXIII., Paul VI.) von den Vätern des 2.

Vatikanischen Konzils nicht diskutiert werden durfte.(16) Niemand weiß, welches Ergebnis die offene Diskussion des Zölibats-Themas auf dem Konzil erbracht hätte. Es ist jedoch offensichtlich, dass die Päpste und ihre Berater bei diesem Diskussionsverbot von der Vermutung oder Befürchtung ausgingen, der Priesterzölibat werde von der repräsentativen Mehrheit der Bischöfe und Theologen nicht (mehr) bejaht und getragen. Darum ist dieser konziliare Vorgang sehr aufschlussreich(17) – auch dafür, dass man in Rom anscheinend glaubt – wie die Zölibatsenzyklika (1967) und die sog. „Pillen-Enzyklika" (Humanae Vitae 1968) Papst Pauls VI. über die dem Konzil verbotenen Themen nahelegen –, in Zeiten der Zweifel und Infragestellungen sei Rom allein der Hort der Rechtgläubigkeit und die Wohnung des Heiligen Geistes gegen den um sich greifenden ´Unglauben`.

(16) Papst Johannes XXIII. ließ mehrmals erkennen, dass die Aufhebung des Pflichtzölibates das Bekenntnis zur „einen, heiligen und keuschen Kirche" (bzw Braut) in Frage stellen würde; Nachfolger Papst Paul VI. teilte der Konzilsversammlung mit, das Zölibatsgesetz solle nicht behandelt werden, da er es erhalten und bekräftigen wolle: Vogels, 42. 56. Dahinter steht die Ansicht, die Kirche habe kraft der ihr verliehenen Binde- und Lösegewalt das Recht, den radikalen Nachfolgeruf Jesu („verlasse alles ..., komm und folge mir!") an Einzelne auszuweiten auf ihre Auswahl der Priesterberufe: Müller, 59f; ihm hält Vogels entgegen, die Kirchenleitung sei selbstverständlich an das in der Bibel vorgegebene „göttliche Recht" und das „apostolische Recht" gebunden, das diese Ausweitung nicht legitimiere: GuL ebd, 66f. Befremdlich an diesem Diskurs ist, dass keiner der Kontrahenten auf die Idee kommt, zu erinnern, dass die ursprüngliche und bleibende Heimat des Zölibats die Ordensgemeinschaften sind (s.u.). Zu denken freilich, es müssten, weil viele traditionelle Orden massive Nachwuchsprobleme haben, darum die katholischen Priester des „Zeichens" wegen unverheiratet bleiben, wäre absurd; sollten Ordensberufe aussterben, ließe sich der den evangelischen Räten nachgeahmte Priesterzölibat erst recht nicht halten.
(17) Ähnlich haben 1972 die deutschen Bischöfe ihr Veto eingelegt gegen die Absicht der Würzburger Synode, das Thema der Priesterweihe von verheirateten, bewährten Männern zu beraten.

Zwar enthalten einige Konzilsdokumente Aussagen zum Zölibat, allerdings nur traditioneller Art (Argumente für den Zölibat sind ja nicht rundweg falsch oder absurd), die Versammlung musste ja über die Problematik des Zölibats und eventuelle Änderungen am Gesetz schweigen.

Wie trotzig man sich in Rom in der Tradition einsperrt, sich selbst immunisierend gegen jede Revision der bisherigen Optik, zeigt der folgende Appell: je mehr Menschen heutzutage „ein Leben in vollkommener Enthaltsamkeit für unmöglich" hielten, desto beharrlicher sollten Priester und Laienchristen diese „Gabe" erflehen (Dekret über Dienst und Leben der Priester Nr.16).

3. Zölibat als ´System` und als Zirkel

Dem entspricht auch, dass, wo immer der Priesterzölibat in Frage gestellt wird, reflexartig bestimmte Verteidiger der Tradition auf den Plan treten, auf dem Gesetz insistieren sowie Haltung und Motive der Zweifler und Gegner herabsetzen. Ungewollt offenbart man so, als wie wenig standfest man die Zölibatsvorschrift beurteilt (deshalb muss sie ständig, bei jedem Anlass, mehrfach gestützt werden) und für wie gering man die Überzeugungskraft herkömmlicher wie neuerer Argumente einschätzt.

Nicht weniger erhellend ist die der Verteidigung des Zölibates häufig angefügte Aufforderung an die Priester sowie an alle anderen Gläubigen, für „die kostbare Gabe des priesterlichen Zölibates" unablässig zu beten, da sie „denen niemals verweigert" werde, „die um sie bitten" (Dekret ebd – vgl. Konzil von Trient: 9. Lehrsatz über das Sakrament der Ehe).[18] Diese Aufforderung enthält das Eingeständnis, dass mindestens vielen der Priester und Kandidaten für den Priesterberuf die „Gabe" der Ehelosigkeit zunächst fehlt und daher erbeten werden soll bzw. muss, wenn die Priesterweihe erteilt und der priesterliche Dienst auf Lebenszeit ausgeübt werden soll.[19]

[18] Das Trienter Konzil zieht hilfsweise noch die Äußerung des Apostels Paulus bei, dass die Christen nicht über ihre Kräfte versucht würden (1Kor 10,13). Paulus spricht im Kontext jedoch von verschiedenen Gefahren des Glaubensabfalls in der „Endzeit", keineswegs von der priesterlichen Ehelosigkeit, die er gar nicht kennt. Unverheirateten, die „brennen", empfiehlt er nicht, zu beten, sondern zu heiraten (1Kor 7,9)
[19] Diesen Zusammenhang beleuchtet scharf Vogels, bes. 59-66; durch sprachliche und grammatikalische Untersuchung von Mt 19,11f weist er auch nach, dass nach Jesu Wort die Ehelosigkeit eine Gabe ist, die jemand schon quasi von Geburt an hat, die aber nicht nachträglich erbetet werden kann (21-35). Siehe unten auch die Untersuchung von *Fentener van Vlissingen!*

Die Formulierung des geltenden (nachkonziliaren) Kirchenrechts stützt diese Sicht. Dort ist, wie ehedem, von den Pflichten (obligationes) und Rechten (iura), in dieser Reihenfolge, der Kleriker die Rede. Es heißt da wörtlich: *Die Kleriker sind pflichtmäßig gehalten, die vollkommene und immerwährende Enthaltsamkeit um des Himmelreiches willen einzuhalten und sind deshalb an den Zölibat gebunden, der ein besonderes Gottesgeschenk ist, durch welches die heiligen Diener ungeteilten Herzens Christus leichter anhängen können und sich dem Gottes- und Menschendienst freier hinzugeben vermögen* (CIC Can. 277 § 1 – eig. Ü).

Folgendes ist bemerkenswert: die vom 2. Vatikanischen Konzil gegebene theologische Begründung der Ehelosigkeit „um des Himmelreiches willen" wird hier kurz zitiert, jedoch auf den Zölibat der Kleriker eingeengt.

Wir haben hier die zentrale Formulierung des Kirchenrechts in Bezug auf den Zölibat der *Kleriker* vor uns.

Die Ordensleute (unter denen sich ja auch Nicht-Priester – Männer und Frauen – befinden), deren Leben nach den drei „evangelischen Räten" älter und ursprünglicher ist als der Priesterzölibat, werden für die ehelose Lebensform auf diesen Canon verwiesen.[20] Die Reihenfolge, die das Kirchenrecht wählt, ist aufschlussreich: zuerst kommt die Verpflichtung zum Zölibat (als Standespflicht), dann folgt dessen Kennzeichnung als Gottesgeschenk. Dieses, das Charisma, steht nicht am Anfang, sondern am Anfang steht die Standespflicht.

Diese Reihenfolge kann nur bedeuten, dass „die Kirche" sich kraft ihrer Binde- und Lösegewalt das Recht zuerkennt, diese Bedingung (Zölibatspflicht) zu setzen, weil

---

[20] Sie kommt im Ordensrecht nur noch indirekt zur Sprache, wo zu besonderer Verehrung der Jungfrau und Gottesgebärerin aufgefordert wird, die „Beispiel und Schutz" sei für die Weihe des ganzen Lebens (CIC Can. 663 § 4). Dies, obwohl der Zölibat, der nicht zum Wesen des Priesterstandes gehört, sehr wohl das Wesen des Ordensstandes mit ausmacht (vgl. Heimerl, 25)

sie der Überzeugung ist, mit der Priesterweihe werde die Fähigkeit zum Zölibat quasi mitgesetzt (falls sie nicht schon vorher gewährt wurde), und es liege am einzelnen Priester selber, an seinem Willen (zur Pflicht) und an seinem eifrigen Gebet (vgl. Konzil von Trient), ob er diese Verpflichtung einhalten und ein Leben lang bewahren kann. Die kirchliche Disziplin räumt also implizit ein, dass die Kirchenleitung damit rechnet, ein großer Teil der Priester werde geweiht, ohne das Zölibatscharisma schon mitzubringen; „die Kirche" und Gott liefere es gleichsam nach, wofern der Geweihte nur inständig darum bittet.(21)

Gott ist folglich quasi als ´Erfüllungsgehilfe` des Gesetzes mit eingeplant. In der Westkirche hilft er dem Priester, Eva, die Adam ´verführen` will, zu meiden, also ´unbeweibt`, „keusch", zu bleiben; in der Ostkirche hilft er ihm, die Frau zu finden, die zu Adam passt (Gen 2,20), und segnet deren Ehe und Treue ... Der Sachverhalt in der römischen Westkirche stellt sich noch seltsamer dar, nimmt man hinzu, dass Priester, die ihr Amt verlieren, das heißt rechtlich, aus dem Klerikerstand entlassen werden, zwar alle Rechte und Pflichten verlieren, nicht aber die Zölibatspflicht – von ihr könne nur der Papst selber durch einen zusätzlichen Akt dispensieren (Can. 291).

---

(21) Hier hakt auch Rahner ein: Das Konzil habe bei keinem anderen Thema in Kirche und Welt zu so inständigem Gebet (dass Gott der Kirche immerdar den Zölibat schenke) aufgerufen, als sei der Zölibat für die Kirche das wichtigste Thema überhaupt: Rahner-Vorgrimler, Kleines Konzilskompendium (Freiburg/Br. 1966), 558. Rahner kommt hier nicht auf den Gedanken, die Mahnung zu inständigem Gebet für Zölibats-Gabe hänge mit dem verbreiteten Bruch der Zölibats-Pflicht und dem Rückgang zölibatärer Priesterberufe zusammen.-
Ein anderes Problem ist der Willens-Optimismus der kirchlichen Regie: ein zum Zölibat Verpflichteter (Nicht-Charismatiker) könne, wo er die geistlichen Hilfsmittel beachte, bis zum Tod ´ausharren`, ohne dass psychologische Hindernisse ins Gewicht fielen (Triebstruktur, persönl. Reife, Ich-Stärke, Grad der seel. Gesundheit) – dies Vor-Urteil ist fragwürdig, u. der Sachverhalt übersteigt kirchliche Kompetenz. Vgl. dazu Görres (1983), 119ff

Diese Bestimmung unterstreicht zum einen, dass der Gesetzgeber die Zölibatspflicht als die schwerstwiegende aller klerikalen Verpflichtungen gewürdigt sehen will, und zum anderen, dass er befürchtet, es könnten – falls dem Amtsverlust die Aufhebung auch der Zölibatspflicht automatisch folgen würde – zu viele Priester ihr Amt gegen die Ehe eintauschen wollen.

Gelegentlich wird vom Konzil auch offiziell vom „*Gesetz* des Zölibats" gesprochen, das „in Kraft bleiben" *müsse* (Dogmatische Konstitution über die Kirche Nr.29).(22)

Dass die „kostbare Gabe" des Zölibats vielen Priestern fehlt, kommt mit den Erfahrungen der Praxis überein. Jede Pfarrgemeinde, jeder Priester, auch wenn er selber zölibatär lebt, hat Kenntnis von einer beträchtlichen Zahl amtierender Kollegen, die ihr Zölibatsversprechen heimlich (nichtöffentlich) oder halböffentlich brechen (genaue Zahlen sind verständlicherweise nicht ermittelbar – anonyme Umfragen bringen aber bedenkliche Einblicke in die tatsächlichen Verhältnisse an den Tag). Diese ´Zölibatsbrecher` sind ja nicht – wie die Ordensleute – Menschen, die (zusammen mit den Berufungen zu Armut und Gehorsam) eine direkte Berufung zu dieser Lebensform empfangen haben und zu leben bestrebt sind.

Freilich behauptet die kirchliche Vorschrift, auch wo diese „Gabe" Priesterkandidaten und Priestern fehle, könne und müsse sie erbetet werden; sie werde von Gott niemals verweigert, wo man darum bittet. (23)

---

(22) Zitate aus Konzilsbeschlüssen hier u. im Folgenden aus Rahner-Vorgrimler, Kl. Konzilskompendium

(23) Wie erwähnt, arbeitet Vogels heraus, das Charisma des Zölibats könne nicht erbetet werden. Anders Berger, der mit Verweis auf 1Kor 12,31 (man könnte noch 1Kor 14,1.12 anfügen) behauptet, für Paulus seien Charismen von Gott erbittbar (in: Zölibat, 10). Dem steht entgegen, dass in Erörterungen über Charismen und Gemeinde Paulus die Ehelosigkeit nicht nennt und v.a. in 1Kor 7, wo er über Ehelosigkeit spricht, nicht einmal andeutet, wer diese Gabe nicht habe, könne sie erbitten!

Im Umkehrschluss heißt das: wer mit dem Zölibat nicht zurechtkommt, hat nicht – oder nicht „richtig" (recte) – gebetet, ebenso wie der (Priester), der von sich sagt, er verspüre diese „Gabe" bei sich nicht, sie sei ihm nicht gegeben; diese Selbsteinschätzung bedeute keineswegs, dass er heiraten dürfe (so das Trienter Konzil), vielmehr müsse er weiter beten.

An diesem Punkt wird die Argumentation ideologisch.[24] Ideologisch ist eine Argumentation da, wo sie keinen begründeten Widerspruch und keine Unrichtigkeitsvermutung zulässt bzw diese – zB fehlendes Charisma – als umgekehrten ´Beweis` für die indiskutable Wahrheit der eigenen Position erklärt (zu wenig Glaube, zu wenig Gebet). Die Argumentation ist zirkulär und darin ideologisch. Wer an Sinnhaftigkeit oder Durchführbarkeit der ausnahmslosen Zölibatspflicht mit Gründen zweifelt, dem fehlt es, in der Optik der Verteidiger, an Gottvertrauen und Frömmigkeit. Gesunde Logik müsste aber aus *anderen* Gründen oder Quellen unbezweifelbar zeigen können, dass die herrschende Zölibatsregelung – nur sie – Gottes Wille ist. Hier wird aber die Unrichtigkeitsvermutung als negativer Beweis (Glaubens-, Gebetsmangel) aufgefasst.

Indem aber ohne nachvollziehbare Begründung Gott in Anspruch genommen wird dafür, dass die ausnahmslose Realisierung des lebenslänglichen Priester-Zölibates mit seiner garantierten Hilfe möglich sei („Gott will es!"), wird die Regelung jeder Nachprüfbarkeit (zB humanwissenschaftlicher Art, aber auch durch Selbst-Erfahrung, Beratung und Supervision) entzogen.

---

[24] Die Qualifikation „ideologisch" betrifft die Argumentation für die All-These: alle Priester und Priesteramtskandidaten, die Gott recte darum bitten, können von Ihm die Gabe der ehelosen Lebensform erhalten. Sie trifft (oder würde treffen) also nicht ohne weiteres eine Argumentation, die in dieser Sache keine All-Aussage aufstellt.

Dem zölibatären Priester, der sich die amtlich behauptete ´Garantie` des Zölibatsgesetzes durch die zu erbittende Gnade Gottes selbst zueigen macht, bleibt im Falle der (vielleicht späten) Einsicht, dass dieser Weg für ihn der falsche war oder ist, nur das Geständnis, „gescheitert" zu sein, „gesündigt" zu haben, den Amtsverlust zu „verdienen" bzw das Amt nur „mit schlechtem Gewissen" weiter zu führen. Im Zweifelsfall dreht die Kirchenleitung den Stiel um und verlangt (zB in Laisierungsverfahren) vom Priester den (negativen) Beweis für fehlendes Zölibats-Charisma, ein Beweis, den sie selbst positiv und allgemein nie erbracht hat (dass die Gabe des Zölibats allen Geweihten zur Weihe gegeben sei, vorher oder mindestens danach). Vielmehr lässt sie, in offizieller Rede vom Zölibat als Gottes „Geschenk", einen beschwörenden Unterton mitschwingen: Wenn Gott „der Kirche" (für die Priester) etwas schenkt – hier: eine Lebensform –, gebiete es die Ehrfurcht ebenso wie die Frömmigkeit, nach diesem Geschenk („hohe Gnadengabe": Priesterdekret aaO) dankbar, zahlreich, ja geschlossen zu greifen (vgl. Dekret Priesterausbildung Nr.10) und bei Strafe verboten, es auf sich beruhen zu lassen. Es anzuzweifeln kann umgekehrt leicht als Ausdruck von Unglaube denunziert werden. Doch ist hier ein Stück Klärung vonnöten:

Ein Geschenk erfordert allseitige Freiheit, beim Geber wie beim Empfänger. Ist der Empfänger zur Annahme des Geschenks genötigt, verliert es sein Wesen als Geschenk, es verwandelt sich aus einer Wohltat in eine – Last.

Die zirkuläre Struktur der Argumentation für den Amtszölibat wird von einem Teil der Defendenten wohl nicht gesehen; andere halten an ihr aus Opportunitätsgründen fest.

Der ideologische Aspekt am Zölibatsgesetz lässt sich aus dem Unterschied der kirchenrechtlichen (kanonistischen) zur theologisch-spirituellen Betrachtung erklären.

Im Hochmittelalter gewinnt, wie Schillebeeckx herausarbeitet,(25) die Begründung des Priesterzölibats als Gabe „um des Himmelreiches willen" wachsende Anhängerschaft. Soll nun, weil die Kirchenleitung aus *mehreren* Gründen den Amtszölibat verbindlich will, diese Begründung verrechtlicht, das heißt, zwingend werden, müssen Berufung zur Ehelosigkeit wie auch Angemessenheitsgründe in das Sakrament der Priesterweihe integriert werden. Man lässt also (wie erstmals bei Gratian) den Berufenden (Gott) wie auch die Konvenienzgründe dem Weihesakrament innerlich werden. Da man nicht behaupten kann, das *Wesen* des Priestertums erzwinge die Ehelosigkeit, erklärt man, einen geringen Schritt tiefer gehend, das Priestertum verlange nach ihr aus sich heraus.

Dieses ´Verlangen` des Sakraments nach Ehelosigkeit wird ausgedrückt durch den Begriff „votum continentiae" (Verlangen nach Enthaltsamkeit). Damit wird das Charisma, das eigentlich Berufung ist, ver*ding*licht. Man kann so behaupten, der Zölibat sei im Priestertum sozusagen impliziert und lasse sich deshalb pflichtmäßig (als Standespflicht) verlangen.(26) Theologen des Hochmittelalters empfanden freilich das Problematische dieser Lösung: der Priesterberuf *lädt* zur Ehelosigkeit *ein,* doch das *Zwingende* an der Zölibatsregel kommt aus dem *Willen*, aus dem Bindungs-Willen der kirchlichen Amtsgewalt, und zwar – je nach Sehweise – hilfsweise oder

---

(25) Schillebeeckx (1967), 48ff; ders. (1985), 297f
(26) Einige Theologen unterstellten früher, Priesteramtskandidaten legten mit der Subdiakonatsweihe ein „stillschweigendes Gelübde der Keuschheit" ab; diese „Gelübdetheorie verschwand spätestens" mit dem 2. Vaticanum, das nur von der Verpflichtung durch Gesetz spricht: Heimerl, 23

ersatzweise für den Willen der geweihten oder zu weihenden Person. Faktisch und praktisch aber – das zeigen auch Formulierung und Reihenfolge (Pflicht – Gabe) im CIC Can. 277 § 1 – tritt der Wille des Gesetzgebers an die Stelle des persönlichen Charismas. Der Priester und der Priesteramts-Kandidat hat es nur „leichter", seine Pflicht zu erfüllen, wenn er dieses Charisma von Gott schon erhalten hat (ansonsten soll er es von ihm erbeten).

Die Konstruktion wird auch daran ersichtlich, dass, im Blick auf biblische Symbolik, man mit gleicher Logik auch den umgekehrten Fall: ein *votum matrimonii* (Verlangen nach Ehe) aus dem Priestertum folgern könnte. Die folgende Feststellung eines Ordensmannes (!) aber lässt sich auch als Warnung sowohl an die Einzelnen wie an das Amt in der Kirche lesen: „Wer sich nicht *primär* und ausdrücklich dem religiösen Zölibat hingeben will, legt bei seiner Weihe unvermeidlich den Keim zu späterem Misslingen".(27) Das kann nur heißen: Die Berufung – der Aufbruch Gottes in einer Persönlichkeit, ihr vollständiges Hineingezogenwerden in Gottes Heilsengagement – muss, wenigstens im Keim, schon vor der Priesterweihe geschehen sein, kann nicht nachträglich erfleht und ´erarbeitet` werden. Das weiß auch Augustinus in seinem Kampf um Enthaltsamkeit (continentia). Er bittet Gott: „Gib, was du befiehlst, dann befiehl, was du willst!" (Bekenntnisse X,29)(28) Eben deshalb käme es darauf an, dass der einzelne Zölibatär glaubwürdig bezeugen kann, dass in ihm selbst ein *inneres* Wertvorzugsgesetz waltet, dass er m.a.W. eine so mächtige Lebens- und Liebesfülle entdeckt hat, dass er wie Paulus, aber aus *eigener* Erfahrung, erklärte, alles andere, auch die normale Ehe, erscheine ihm demgegenüber wie „Kot" (Phil 3,8).

(27) Schillebeeckx (1967), 88
(28) Man kann aber bezweifeln, dass er, obwohl er den Willen dazu hatte, je das Zölibats-Charisma empfangen hat.

Er würde die Liebe, die er sonst in der Ehe realisieren würde, in diesem Fall lieber ohne Ehe verwirklichen, weil seine Entdeckung die Ehe sprengen würde wie ein zu kleines Gefäß. Das ließe verstehen, dass so jemand die Ehe sein lässt aus Achtung vor ihr, und zwar weil er (sie) eine Liebe lebt und verkündet, deren Quelle über die menschliche Natur hinaus liegt, d.h. übernatürlich ist.

Es ist aber ohnehin zu vermuten, dass die so oft wiederholte Behauptung von amtlicher Seite, Gott werde bei demütig-inständigem Gebet „die Berufung zum ehelosen Leben ... großzügig geben" (Priester-Dekr. Nr. 16), zumindest für die Kirche in der westlichen Welt falsifiziert ist. „Ob der Heilige Geist andere Pläne hat?"[29] Präziser: Falsifiziert ist die Erwartung, dass Gott die Gabe der Ehelosigkeit für eine genügende Anzahl traditionell zölibatärer Priester geben werde. Die geistliche Erfahrung der Kirche sagt ihr aber auch, dass Gott keine dringende Bitte unerhört lässt, seine Erhörung aber andere Wege wählen kann, als die Bittenden ahnen oder wollen. Man bedenke, was Papst Johannes XXIII. – in Erinnerung an Jes 55,8f – zur Eröffnung des letzten Konzils zu überlegen gab: „In der gegenwärtigen Entwicklung der menschlichen Ereignisse ... muss man viel eher einen verborgenen Plan der göttlichen Vorsehung anerkennen. Dieser verfolgt ... durch die Werke der Menschen und meistens über ihre Erwartungen hinaus sein eigenes Ziel, und alles, auch die entgegengesetzten menschlichen Interessen, lenkt er weise zum Heil der Kirche".[30]

Wer nicht einäugig ist, sieht im Zölibat ein Geschenk (zumal im Ordens-Zölibat), zugleich aber auch ein großes Problem.

---

(29) Heinz, 336
(30) Zitiert nach Herder-Korrespondenz vom Nov. 1962 (Heft 2), 86

4. Ein prominentes und typisches Missverständnis

Kurz nach Konzilsende verfasste Karl Rahner einen langen, sehr emotionalen „Offenen Brief" zur Verteidigung des Priesterzölibats.(31) Darin stimmt er eine bewegte Klage an gegen die ´terribles simplificateurs` in dieser Frage und insistiert: jede Wahl einer Lebensform, auch die Ehe, sei eine „Entscheidung zu Wegen, die man nie mehr in umgekehrter Richtung gehen kann ... Was man als Gnade empfing, muss immer nochmals als Treue erworben werden, so wie auch der Trieb der Geschlechter zueinander erst Liebe werden muss, die ohne Treue, ja ohne *mühsam erkämpfte* Treue eben keine ist" (ebd 9). Der von *mir* persönlich, als Priester, frei gewählte Zölibat müsse, wenn Schwierigkeiten und Zweifel auftreten, „durch das Gespräch mit Gott selbst ... durch das Gebet vor dem Gekreuzigten ... durch ... die immer neue Bereitschaft zur Torheit und zum ´Skandal` des Evangeliums" geklärt bzw stets neu errungen werden (ebd 11). Zu Torheit und Skandal des Evangeliums gehöre jedoch, „dass *das* Leben, das Gott selbst ist, durch den *Tod* Christi und den eigenen hindurch zu uns kommt" (ebd 12). Es sind eindrucksvolle Worte, die Rahner hier für die Berufung zum Zölibat findet. Und mit Verve beruft er sich auf Marc Oraison, einen damals bekannten französischen Arzt, Psychoanalytiker und Priester, und dessen Buch über den Zölibat: Oraison lege „unumwunden" dar, „dass

---

(31) Unter diesem Titel sachlicher fortgeführt als „Eine Antwort" in Rahner (1971), 165-187. Es gab für den „Offenen Brief" gar „einen Lobesbrief vom damaligen Kardinal Ottaviani [ehem Gegner, Zensor]": K.Rahner im Gespräch II (München 1983), 172; krit. Erwiderungen von Priestern in: Böckle, 76-96. Die „Antwort" fordert eine neue Einstellung des Amtes zu zölibatär überforderten Priestern. 1970 verteidigt Rahner Kardinal Suenens, offiziell gerügt, da er den Zölibat diskutieren wollte (Vorgrimler, 117), und unterschrieb das Memorandum der theol. Glaubenskommission zur Revision des Zölibatsgesetzes, worin seine eigenen Argumente z.T. überholt wurden. Er meinte sogar, die Entwicklung zur Zulassung verheirateter Priester sei „nicht aufzuhalten" (Gespräch, 62), der Zölibat eigne sich anderswo (zB Afrika) vielleicht nicht für umfassende Mission und Pastoral (ebd 118f; 173f)

der Verzicht auf die Ehe eine echte Möglichkeit ist, die die richtig verstandene ´Natur` des Menschen diesem ebenso anbietet wie die Ehe" (6).

Das ist aber nicht genau das, was Oraison sagt, und vor allem ist es keineswegs das Thema der verbreiteten Zölibatskritik, mit der Rahner sich hier anlegt. Bei allem Verständnis für den religiösen (mystischen) Zölibat der Ordensleute sieht auch Oraison den Weltkleriker-Zölibat sehr kritisch: er sei gewissermaßen das Gegenteil des ersten, und man werfe ihm nicht ohne Grund vor, dass er den ersten, eigentlichen Zölibat verdecke, sogar verfälsche.(32) Rahner ist anscheinend zu wenig bewusst, dass er diesen Brief *als Ordensmann* an einen anonymen Weltpriester richtet, dem seine Zölibats*verpflichtung* fraglich geworden ist. Der Weltpriester ist jedoch gerade kein Ordensmann, der sich an die drei evangelischen Räte per Gelübde bindet, und er will es auch nicht sein (sonst wäre er Mitglied eines Ordens),(33) obgleich sich das kirchliche Amt seit Jahrhunderten mit sehr mäßigem Erfolg müht, die Welt-Priester nach monastischem Schema zu disziplinieren. Dabei achtet es oft nicht auf die Ambivalenz des eigenen Erscheinungsbildes. Ein bekannter Erzbischof ließ sich vor einer Reihe von Jahren für ein Boulevardblatt interviewen und hob vor den Journalisten zur entschlossenen Verteidigung des Priesterzölibates an: die Ehe sei nicht der Himmel, offenbarte er den Zuhörern, der Zölibat nicht die Hölle. Dabei kredenzte er – so die Journalisten – teuren Wein aus seinem erlesenen Weinkeller, indes stumme Nonnen, auftragend und bedienend, durchs Zimmer huschten. Müssen Christen nicht stets das Wort fürchten: „An ihren Früchten werdet ihr sie erkennen" (Mt 7,16.20)? Zurück zu Rahner: seine oben angeführte, suggestive Bemerkung scheint im Zölibat selbst die Torheit und den Skandal des Evangeliums zu sehen.

---

(32) Oraison, 145. 155
(33) Die Differenz wurde bald nach Publikation des Rahner-Briefes von verschiedenen Seiten klargestellt: zB Böckle, Zölibat, 76-83

Diese abkürzende Sprechweise ist schief, denn nach Paulus ist gerade das Evangelium, der Glaube an das Heil durch den Gekreuzigten, für die Welt Torheit und Skandal. Der Zölibat kann an dieser skandalösen Torheit nur indirekt partizipieren, und zwar in dem Maße, als er diese Torheit „leichter" erkennbar macht. Doch Rahner weiß auch: es gibt „genügend Kleriker, die aus dem Zölibat Lieblosigkeit, Philistertum, Egoismus ... machen, die viel schlimmer sind oder sein können als alle bittere Lust des ´Fleisches` ... Aber was beweist das?", fragt er rhetorisch (ebd 5) und meint: nichts. Doch es beweist, legt mindestens nahe, dass der Zölibat vieler dieser Priester nicht echt ist und es nie war – dass sie dessen „Gabe" nie erlangt hatten. Weil Rahner das nicht sieht oder sehen will, deutet er die vielen Klagen von unter dem Pflichtzölibat Leidenden als Wehleidigkeit und Glaubensschwäche. Zwar räumt er ein, die Amtskirche müsse dort, wo sie ihrer Pflicht, für genügend Seelsorge-Priester zu sorgen, wegen Mangel an Berufungen nicht nachkommt, auf den ausnahmslos zölibatären Priester verzichten (ebd 9). Doch nennt er das Zölibatsgesetz einen „heiligen Mut" der Kirche, den sie hoffentlich für die „abendländischen Räume" be- und erhalte – freilich möge sie in der Dispens-Praxis „großherzig" sein, weil das Kirchenrecht „nie alles ist" (ebd 17). Roger Schutz (von Rahner einmal zitiert) ist in diesem Punkt skeptischer: „Wenn jemand ein feierliches Versprechen bricht, das er bei der Eheschließung oder Priesterweihe gegeben hat – ein Lebens-Versprechen vor Gott und den Menschen –, zerbricht er immer etwas in ihm selbst, mag er es auch nicht zugeben. Der Grund: solch ein gebrochenes Versprechen betrifft die ganze Persönlichkeit in ihrem tiefsten Grund".[34] Auch diese weise Einlassung geht, soweit sie den Priesterzölibat betrifft, an der Sache vorbei, insofern sie den Bruch einer *Berufung* zum Zölibat unterstellt. Das unterläuft auch Rahner in seiner gesamten Stellungnahme.

---

[34] Übersetzt aus Schutz` mir nur auf Englisch vorliegenden Buch „Unity", 17

Im Zusammenhang der persönlichen Berufung interessiere ihn die Entstehungsgeschichte des Zölibats und dessen verschiedene und gemischte Motivationen „herzlich wenig", weil alles Christliche geschichtlich geworden sei und sich erst habe finden müssen (ebd). Das sieht Rahners konziliarer Mitstreiter, der Dominikaner Edward Schillebeeckx, gerade unter dem historischen Blickwinkel anders. Er weist darauf hin, dass das Konzil nach Entfernen aller überholten und falschen Motive für den Amtszölibat nur noch eine „sehr schmale" Basis findet: die „abstrakt-theoretische ´größere Leichtigkeit`" der Hingabe an Gott. So gesehen, werde „eine ´allgemeine Zölibatsverpflichtung` für alle Amtsträger tatsächlich zumindest zu einer schweren Überforderung". Auch Schillebeeckx sieht durch die herrschende Praxis Roms die „Glaubwürdigkeit" des frei gewählten Charismas der Ehelosigkeit vor der Welt gefährdet (ob Ganzhingabe an Gott dem verheirateten oder dem unverheirateten Menschen besser gelingt, kann erfahrungsgemäß „nicht abstrakt a priori entschieden werden"), wie auch „das Gnadenrecht der christlichen Gemeinde auf Vorsteher und Eucharistie". In Sorge um dieses „Gnadenrecht" der Gemeinden relativierte auch Rahner nur 5 Jahre später die damalige Botschaft seines Zölibats-Briefes. Im Blick auf die Kirche der Zukunft, die eine „entklerikalisierte Kirche" von basiskirchlichem Zuschnitt sein werde, müssten Bischöfe („salus animarum suprema lex") auch den Mut aufbringen, von Gemeinden präsentierte, verheiratete Gemeindeleiter zu weihen.(35)

Die spätere Positionierung Rahners in Sachen Zölibat scheint Hans Küng entgangen zu sein. Von Rahner menschlich enttäuscht, meint er, nachdem dessen Freundschaft mit Luise Rinser durch Veröffentlichung ihrer eigenen Briefe an Rahner (1994) publik geworden war, könne man Rahners Offenen Brief zum Zölibat „ad acta legen".(36)

---

(35) Rahner (1972), 117f
(36) Küng (2007), 66; zu diesem Thema auch Vorgrimler, 89f

Das stimmt natürlich, nur hatte es Rahner zuvor, anders begründet, schon selbst getan. Nach Rinsers Gang an die Öffentlichkeit behaupteten traditionalistisch denkende Personen, nun sei der „Bruch" erklärt, der ab einem Zeitpunkt durch Rahners Theologie gehe, ja der Wert seiner ganzen Theologie sei dadurch in Frage gestellt. Hier wird offenkundig der Gedanke „kultische Reinheit" magisch auf das theologische Schaffen übertragen und zu einer „theologischen Reinheit" ausgeweitet.

Desungeachtet bewegte sich Rahners Freundschaft zu Rinser wohl auf emotionalem Niveau. Sie bestand schon mehrere Jahre, als Rahner jenen Offenen Brief pro Zölibat verfasste. Andeutend spricht er von ihr wohl auch im Offenen Brief, als er gegen Ende auf nicht behandelte Themen hinweist, darunter dieses: „Es wäre zu sprechen vom Sinn, vom Wesen und von den Grenzen einer sehr individuellen Liebe, von einer echten geistigen Freundschaft zwischen einem Priester und einer Frau.

Darüber lässt sich nur sehr diskret sprechen. Wie immer man das am besten nennen mag – es kommt ja auch in der Geschichte der Heiligen vor –, jedenfalls ist sie in manchen Abstufungen durchaus möglich" (ebd 19). Rahner selbst fasste die Freundschaft zu Frau Rinser wohl nicht als Bruch seines Zölibatgelübdes auf; doch war ihm sicher klar, dass freundschaftliche Beziehungen zu einer Frau missverständlich, aus Sicht schlichter Vorurteile belastend sind. Schillebeeckx macht aber darauf aufmerksam, dass das Zölibatsgesetz von Anfang an die Unterbindung genital-sexueller Beziehungen von Priestern zu Frauen zum Ziel hat, aber nie die Liebe Priester-Frau (ohne sexuellen Kontakt) verboten hat; es schließt den sexuellen Verkehr aus, nicht die Liebe (Frage des „dritten Weges").(37)

---

(37) Schillebeeckx (1985), 299ff; weise Beobachtungen dazu bei I.F. Görres, 55-89

5. *Die Hypothek der inneren Geschichte der Zölibatspflicht*

Von einem ganz anderen Ansatz aus denkt etwa zur gleichen Zeit Ivan Illich über den Priesterzölibat nach: „Das Problem ist nicht der ´Geist` der Welt, auch nicht ein Mangel an Großzügigkeit bei den ´Abfallenden`, sondern vielmehr die *Struktur selber*". (38)

Illich begründet sein Urteil damit, dass die bestehenden kirchlichen Strukturen eine Antwort auf frühere Situationen seien, „die sich von der heutigen Lage gründlich unterscheiden" (ebd).

Unser zeitgeschichtliches Panorama macht das Urteil verständlich. Doch verteidigen seine Anhänger den Priesterzölibat mit Parolen, die den ´Schwarzen Peter` stets bei anderen sehen: Welt, Zeitgeist, Glaubensschwäche, Sexualismus usw, nie bei der Institution selbst.

Die Institution mit zweitausendjähriger Erfahrung hat – so das traditionalistisch-eindimensional forcierte Vor-Urteil – vielmehr alles wohl geordnet, macht bei Dingen, auf denen sie beharrt, prinzipiell keine Fehler (sie rechnet den vor 900 Jahren erzwungenen Pflichtzölibat praktisch zu ihrer ´unfehlbaren` Glaubens- und Sittenlehre – vgl. Zölibats-Enzyklika von Papst Paul VI. 1967).

Der Pflichtzölibat ist eine sensible Stelle im System, an vielen Punkten mühsam ausbalanciert, um an den entscheidenden ´Knöpfen` Einfluss, ja Macht zu wahren.

Seit seiner Einführung ist er für viele Unterinstitutionen – Rechtswesen, Personalpolitik, Finanzen, innere Machtverhältnisse, Werbung, kulturelles Selbstverständnis, Identitätsgefühl – quasi unentbehrlich geworden; die Autorität und jene, deren Karriere am so gearteten

(38) Illich, 51

System hängt, fürchten, es komme „alles ins Rutschen", wenn hier etwas geändert würde. So wehren sie sich verbissen und mit allen möglichen Methoden gegen jede „Nachgiebigkeit". Hier schockiert aber das Argument: *Etwas, das nicht mehr geändert werden kann, ist längst alles geworden* (Metz, 91).

Weil andererseits jede Initiative zu Änderungen in der Kirche die Sorge weckt, man könnte mit der Änderung Unaufgebbares aufgeben, etwas, dessen Dimensionen (wegen des Gewichts der Tradition) man unterschätzt, verkennt, empfiehlt es sich, die historische Entwicklung der Begründungen des Priesterzölibats zu erwägen. Sind sie stimmig, in der Substanz der Glaubenstradition verankert, hat die Sorge Gewicht. Im anderen Fall wird Zustimmung zu Änderungen leichter, könnte sich empfehlen, sogar aufdrängen.

Von den Priestern sagt das 2. Vatikanische Konzil, hier an die Tradition erinnernd, sie übten „ihr heiliges Amt in der eucharistischen Feier oder Versammlung aus, wobei sie in der Person Christi handeln" und das „Opfer Christi ... im Messopfer vergegenwärtigen und zuwenden" (Kirchen-Konstitution Nr.28). Auf diese Kernaussage reflektiert im gleichen Dokument die Überlegung, der Zölibat bewirke, dass „man sich leichter ... Gott allein hingibt" (aaO Nr.42).

Wir sahen: Erste Forderungen an Kleriker, sie sollten, wenn verheiratet, enthaltsam leben, werden etwa zeitgleich mit der Erhebung des Christentums zur römischen Staatsreligion Ende des 4. Jahrhunderts laut.

Der gewünschte neue Status erschien der neuen Aufgabe gemäß. Das Christentum hatte nun die altrömische Religion inhaltlich und funktionell zu ersetzen.

In ihr war der Kult (cultus deorum) Staatsangelegenheit. Das Opfer (sacrificium) wurde den Göttern dargebracht, damit sie das Gemeinwohl (salus publica) garantierten. Das Götter-Opfer war also Staatspflicht.

Im 4. Jahrhundert war aber das römische Weltreich durch kriegerische Germanenstämme und die persische Dynastie gefährdet. In dieser Situation erschien der Christen-Gott nicht nur als unbesiegbar, er demonstrierte überdies seine für Rom heilsame Macht. Ab Galerius, Konstantin sahen sich die Imperatoren genötigt, den Kult des christlichen Gottes zu dulden, ja zu fördern – zum Wohl des Staates. Da jetzt das Christentum nach dem Willen des Kaisers die Funktion des Staatskultes mittragen, bald adoptieren sollte, musste es entsprechend gedeutet und eingerichtet werden. Bereits Tertullian hatte propagandistisch reklamiert, die Christen würden „ein fettes und größeres Opfer (hostia) darbringen" als die nichtchristlichen Römer. Eusebius sah die Konstantinische Ära als Erfüllung der alten Prophetie und Ankunft der Kirche der heiligen Endzeit; zu ihren Zügen gehöre, dass „die (christlichen) Priester das Opfer vollbrachten"(39)

Für Konstantin umgekehrt war es klar, dass die Kleriker, wenn sie ungehindert und kaiserlich gefördert „die hohe Verehrung des Göttlichen vollziehen, (..) offensichtlich der Allgemeinheit am meisten (nützen)"(40) Ambrosius, vom römischen Beamten zum Mailänder Bischof aufgerückt, verstärkte diese Sicht aus Überzeugung:

„Sicheres Heil (lat. salus)" gebe es nur, „wenn jeder den wahren Gott, das ist der Gott der Christen, ... aufrichtig verehrt"(41)

---

(39) Tertullian, 30,5; Eusebius, 413; zum ganzen Zusammenhang Instinsky, bes. 41-65
(40) Lenzenweger/Stockmeier, 94
(41) Zitiert nach Lenzenweger/Stockmeier, 131

Wie sicher Ambrosius mit den Zeitgenossen voraussetzen konnte, vom eucharistischen Opfer hänge das Staatswohl ab, demonstrierte er dem anwesenden Kaiser Theodosius, indem er sich weigerte, die Liturgie fortzusetzen, ehe jener nicht seine den „Unglauben" der Juden begünstigende Entscheidung zum Wiederaufbau einer Synagoge zurückgezogen hatte, welche ein christlicher Pöbel zerstört hatte (auf ähnliche Art nötigte er Theodosius nach einem Strafmassaker zu öffentlicher Buße). Er kam anscheinend nicht auf die Idee, dass er so das Heilige, das um seiner selbst willen verehrt wird, kirchenpolitisch instrumentalisierte und eigentlich sakrilegisch handelte. Bei dieser Rolle, die der christliche Glaube fortan spielen sollte, bedurfte es nun eines eigenen, vom Volk abgehobenen Standes von Priestern (sacerdotes). Der Kult wurde zur Hauptsache der christlichen Praxis,(42) vor allem die Feier des Opfers Christi, verstanden als Sühne- und Gnadenmittel. Diesem Zweck fügte sich auch der jetzt staatlich geförderte Kirchenbau:
„Der Mittelpunkt des Gotteshauses war nun der *Altar* in der Kreuzung von Lang- und Querschiff, über dem sich ein kleiner Baldachin erhob, aber auch die vier Säulen an den Ecken von Quer- und Langschiff waren noch ohne Kuppel als Baldachin über dem auf dem Altar unsichtbar anwesenden Erlösergott gedacht. Der entscheidend von der Liturgie des Opfers bestimmte Grundgedanke war die *Anwesenheit des Himmelreichs*, des himmlischen Hofstaats der Engel und Heiligen beim Opfer der Gemeinde; dies wurde in Mosaiken und Fresken schon im späten 4. Jahrhundert dargestellt".(43)

---

(42) Schillebeeckx (1985), 172-179; 289-294; Scheid, 67-98
(43) Dempf, 94

Die Justierung der christlichen Glaubensgemeinschaft auf den Vollzug des Opfers löste gemäß antikem Verständnis bald Forderungen aus, Priester müssten wegen ihrer Gottesnähe „kultisch rein" sein (vestalisches Prinzip). Die damals vorherrschende, neuplatonischstoische Auffassung lautete: „Wer zum Altar hintritt, darf die Nacht zuvor die Freuden der Venus nicht genossen haben!" Überdies hielt der Zeitgeist allgemein den Geschlechtsverkehr für etwas Unreines (coitus immundus), und Christen wie Hieronymus sprachen es nach.(44) Der Zeitgeist beeinflusste also die Christen nicht wenig.

Nun begannen auch Päpste wie Siricius, der Mailänder Bischof Ambrosius oder der redegewandte Erzbischof von Konstantinopel, Johannes Chrysostomus, eindringlich für die sexuelle Enthaltsamkeit der Priester im Sinne kultischer Reinheit einzutreten. Dabei stützten sie sich vorrangig auf levitische Reinheitsvorschriften des Alten Testaments, durchdrungen von der Idee des „umso mehr": Christen müssten diese alttestamentlichen Regeln erst recht einhalten, ja überbieten (Bezugstexte waren Ex 19,15; 1 Sam 21,5ff; Lev 15,16ff; 22,4). Man holte die alten Vorschriften hervor, weil man meinte, sie in der neuen Situation zu ´brauchen` – und weil man die biblische Sündenfall-Erzählung (Gen 3) dahingehend deutete, durch die Ursünde seien die Menschen ihrer „Nacktheit",

---

(44) Auch I.F. Görres nennt diesen Grund das traditionelle Hauptmotiv des Priesterzölibats (9f). Für Juden aber gehört ehelicher Beischlaf zur Sabbatfeier: Haag / Elliger, 179; doch für Berger ist der Priesterzölibat sinnvoll, da durch „archaische" Vorstellungen von sexueller Enthaltsamkeit vor Gottes Heiligkeit in manchen „strengeren" Richtungen des Früh-Judentums gut begründet: Zölibat, 29ff.48. Hier wäre aber noch das dualistische Welt- u. Menschenbild zu berücksichtigen, im 4. Jh von Asketengruppen vertreten, von Ambrosius propagiert, für den die Sexualität die hässliche Narbe am Menschen-Körper war u. deren Überwindung ein wesentliches Stück Erlösung bildete, mit Marias jungfräulicher Mutterschaft als Standesideal für geweihte Frauen (u. Priester): Brown (1994), 349-372.383f

so auch ihrer Begierde oder Fleischeslust bewusst geworden, sowie des Umstandes, dass sie diese nicht völlig zu beherrschen vermögen. Der „ungeordnete", d.h. sich der Verstandes- und Willenskontrolle leicht entziehende Anteil der Lust (unkontrollierte ′Lust an der Lust`) schien *der* Ort zu sein, wo der Mensch sich seiner Schwäche, Verführbarkeit, somit auch Neigung zu sündigen am nachdrücklichsten bewusst wird.(45) Die Eignung und Neigung der Lust, sich in eine rauschhafte Faszination zu steigern, die Beteiligten, wenn auch nur vorübergehend, in einen ′himmlischen` Zustand außerhalb von Raum und Zeit zu versetzen, schien es darauf anzulegen, mit dem göttlichen Faszinosum zu konkurrieren, ja es zu enthalten („Heilige Hochzeiten" in Kanaan, Mesopotamien, Griechenland). So empfanden Intellektuelle und Erzieher die sexuelle Lust als so etwas wie Treibsand (Ambrosius gebraucht ein ähnliches Bild). Geordnet erschien die Fleischeslust nur insoweit, als sie in der Ehe auf die Erzeugung von Nachkommen gerichtet war. Da die ′Lust an der Lust` diesen einzig legitim und ′würdig` erscheinenden Zweck im ehelichen Akt immer wieder aus dem Auge verlor, bezweifelten die meisten Theologen schon der christlichen Antike, dass der Sexualverkehr, auch in

---

(45) Diese Auffassung führte zur Überbewertung sexueller Vergehen als prinzipiell „schwerer Sünden" sowie zur Gleichsetzung von Sünde und Sex im Volksmund bis hin zu dem klassischen Ausspruch eines amerikanischen Bischofs vor Gästen, in seiner Stadt gebe es „much sin, but little crime". Mit „sin", Sünde, meinte er v.a. Striptease-Lokale und Bordelle.- Noch Mitte des 20. Jh. versicherte ein Moraltheologe beim 6. Gebot, es müsse „jeder wissen, dass er verschlungen wird, wenn er leichtsinnig" und bewusst hier „einzudringen" suche. Diese Meinung verharrt auf der spätantiken Gefühlslage. Der Ausdruck „verschlungen (werden)" spiegelt die Furcht des intellektuell Distanzierten vor dem Verlust der Selbstkontrolle und insinuiert beim „Sex" eine allgemeine, unverzügliche Suchtgefahr. Gegen solche Vorurteile hilft wohl nur „die fröhliche Unbeirrbarkeit der Vielen" (Brown [1994], 439f).

der Ehe, vollzogen werden könne, ohne dass die Partner dabei in Sünde abglitten.(46)

Dahinter steckt, vielleicht nicht durchgehend bewusst, auch das (Platon entlehnte) augustinische Konzept, dass Gott der einzige Selbstzweck sei, der allein, um seiner selbst willen, geliebt (begehrt) werden kann und darf.

Davor erscheinen irdische Güter, auch Geschlechtslust, Ehe, die Frau, ein anderer Mensch nur als Mittel zum Zweck, Hilfsmittel auf dem Weg zu Gott. Verkehrt müsse daher der Genuss eines irdischen Gutes um seiner selbst willen sein, da der Genuss (fruitio) um seiner selbst willen allein Gott gebühre.

(46) Augustinus erträumte sich seine Heiligkeit in der Vorstellung, Gott könne ihn mit seiner Gnade von aller Sexuallust sogar in nächtlichen Träumen, Phantasien und Lustempfindungen erlösen (Bekenntnisse X,30). Zu Augustin: v.Eiff, 92f;. Ratzinger, 94-97.- Die sog. Sünde der „Unkeuschheit" war nach Meinung der Moraltheologie und Beichtspiegel (noch im 20. Jh) eine allgegenwärtige Gefahr, sah man doch in „jeder direkt gewollten geschlechtlichen Lust immer eine schwere Sünde": Jone, 181. Der Katechismus der kath. Kirche (von 1993) sieht Sünde am Werk, wo die Geschlechtslust aus der Beziehung zur Weitergabe des Lebens und zu liebender Vereinigung gelöst wird (Nr.2351). Der reine Genuss der Lust, auch im Einverständnis der Partner, ist also Sünde. Noch Mitte des 20. Jahrhunderts hörten Kinder munkeln, die Ursünde habe vermutlich in der Geschlechts-Lust bestanden (zB Ambrosius, Hieronymus); gab es doch im Anfang mangels anderer Menschen für Adam und Eva wenig Möglichkeiten zu sündigen (die Sozial-Gebote waren – außer 5 u. 6 - im monogenistischen Paradies nicht anwendungsfähig). Zudem lehrt die Kirche missverständlich mit Augustin, die Ursünde werde durch „Zeugung" weitergegeben (Trienter Konzil). Zum Thema auch: Häring, 486f.493! Ein Echo auf diese Art Moraltheologie im „Volk", das sich sein Teil dachte, ist eine Äußerung Heinrich Bölls: er beklagt „diese plumpe Art, dem Menschen seine Sexualität vorzuwerfen und sie gleichzeitig zu verzeihen, und ihm dann eine heilige Familie [„eine Retortenfamilie"] als Vorbild anzubieten. Da gibt`s gar nichts zu verzeihen": ders., Eine deutsche Erinnerung, 55. Mag dieses Echo nicht die offizielle Lehre der Kirche spiegeln, ist doch zu fragen, warum die kirchliche Lehre so einseitig vereinfacht bei vielen Priestern u. ´einfachen` Katholiken ankam u. ankommt! Ein wohl nicht nur zufälliges Indiz für die unterbewusste Einstellung ist ein vielsagender Druckfehler: In der Erklärung der Glaubenskongregation zu einigen Fragen der Sexualethik (1975) ist „Geschlechtlichkeit"´ersetzt` durch „Geschlechtigkeit"! (S.13 1.Z)

Somit kommt, nach diesem Konzept, wer bewusst und direkt nach der Lust um ihretwillen (zB im Geschlechtsakt) trachtet, vom Weg zu Gott ab, indem er die Lust vergottet, vergötzt. Darin tritt für den Augustinismus die Sünde hervor, ebenso die Versuchlichkeit des Menschen an seiner (vermeintlich) schwächsten Stelle. So gesehen, schienen die Hinweise zu „Unreinheit" und Reinigung im levitischen Gesetz den ererbten Makel der „Erbsünde" widerzuspiegeln.

So dachte auch der Initiator des Katharer-Kreuzzugs, Papst Innozenz III.,(47) der darin die theologische Rechtfertigung sah, das Eheverbot für Kleriker durch das 4. Laterankonzil bekräftigen zu lassen. In der frommen Empfindung standen sich damals also Sündiges (Geschlechtslust) und Heiliges („das allerheiligste Altarsakrament") unmittelbar gegenüber; es schien undenkbar (und wurde gesagt), dass ein Priester beides in seiner Person (womöglich nacheinander) vereinigte.

---

(47) Dazu: H. Mühlen, Entsakralisierung (Paderborn ²1970), 499. Der geschichtliche Kontext ist kaum zufällig: Die „Katharer" (die Reinen) waren damals (bes. in Südfrankreich, Norditalien) Speerspitze einer asketischen, auf Reinigung von allem Fleischlichen bedachten, dualistischen Bewegung, in der die „Vollkommenen", bewundert auch im christlichen Volk, vollkommene sexuelle Enthaltsamkeit übten und deren religiöser Ernst, bereit auch zum Blutzeugnis, seine Wirkung auf damals entstehende, auf Weltdistanz setzende Reformbewegungen (Franziskaner, Dominikaner) nicht verfehlte: „Die ´Vollendeten` zeigen, was der Mensch vermag, der aus dem ´reinen Geiste` lebt": Heer, 347; „Die Verwerfung der Ehe ist in dieser Zeit ein immer wieder vorgebrachtes Thema" (M. Lambert): Angenendt, 268.- Obwohl im Buddhismus anders akzentuiert, „preist" auch der Dalai Lama „die Vorzüge des Zölibats" (wie manche kath. Medien hervorheben). Im „Bild"-Interview (6.7.2010) sagt er: „Sex macht den Menschen gemein mit allen anderen Tieren. Ich bin ein Mensch, der für gewisse moralische Prinzipien steht. Das Zölibat ist etwas, was mich vom gewöhnlichen Tier unterscheidet". Der Interviewte hat schon weisere Äußerungen getan. Die katholischen Redaktionen, die diese Sätze gern aufgriffen, bemerkten anscheinend nicht, dass dieses Verständnis von Zölibat mit dem christlichen nichts gemein hat.

Das umso mehr, als der Priester am Altar ja Christi „makelloses Selbstopfer" (Hebr 9,14) vergegenwärtigt, danach trachtend, in Christus selber ein „makelloses" Opfer (hostia) zu werden, womit der Zölibat zusammenhänge (laut Kongr. f. Klerus, Der Priester ..., 42)!

Die im Alten Bund vorgeschriebene Makel- oder Fehlerlosigkeit des Opfertieres wurde, übertragen auf Christus und von ihm auf den Priester, im ersten Jahrtausend u.a. häufig auch als Ehelosigkeit (Christi, des Priesters) verstanden; diese bzw. die Enthaltsamkeit wurde zur Reinheit gerechnet – eine Opfer-´Mystik`, die Christi einmaliges Selbst-Opfer (gratia gratis data) zu verfälschen droht. Beim, zusätzlich erbsündentheologisch aufgeladenen, Gegen-Begriff kultische Unreinheit vergaß oder verdrängte man allzu leicht, dass Jesus selbst sie als überflüssige Menschensatzungen bezeichnet und auf die allein entscheidende Herzensreinheit hingewiesen hatte (Mk 7, 1-23 Par Mt 15,1-20) und dass Petrus durch göttliche Lektion lernen musste, die Bezeichnung „unrein" fortan keinem Menschen mehr beizulegen (Apg 10,10-16. 28f).

Die Forderung nach ritueller Reinheit durch sexuelle Enthaltsamkeit der noch im 10. Jahrhundert meist verheirateten Bischöfe und Priester wurde nach dem Morgenländischen Schisma (es wirkte hier als Katalysator) im Westen abgelöst durch das generelle Eheverbot für Priester. Hinzu traten jedoch auch ökonomische Belange.

Der verheiratete Kleriker, der Frau und Kinder zu versorgen hatte, trachtete natürlich, der Familie das Auskommen mittels seiner Pfründe erbmäßig zu sichern, was umgekehrt zu materieller Verarmung der Kirche als Institution führte.

So waren die Trennung der Westkirche von der Ostkirche, der Investiturstreit und die Agitation pro Zölibat seitens militanter, mönchisch (zB von Cluny) beeinflusster Kirchenreformer (Benedikt VIII., Gregor VII., Petrus Damiani, Hugo von Cluny, Innozenz III. u.a.) jene Faktoren, die gegen alle anhaltenden Widerstände das Zölibatsgesetz endlich erzwangen (die Rückkehr der Reformatoren zur Priesterehe – die ihnen Rom, beraten von Cajetan, 1530 und 1542 sogar konzedieren wollte – ist Indiz für die Härte der damaligen innerkirchlichen Konflikte auch in dieser Sache).

Die Pointierung der Opfer-Form der Messe gegen reformatorische Kritik hieß für die tridentinische Kirche auch Verschärfung des Pflicht-Zölibats. Für die Päpste bis Pius XII. galt das Argument „kultische Reinheit".
Der ökonomische Grund wird gern verschwiegen oder nur schamhaft erwähnt.

6. Herkömmliche Priesterausbildung und sexuelle Befangenheit

Dass der weltanschauliche Hinter- und Untergrund der erzwungenen Einführung des Zölibats auch Ausbildung und Verhalten von Priestern mit prägen musste, kann nicht verwundern. Die folgenden Ausführungen geben einen Eindruck von der noch bis über die Jahrhundertmitte (20. Jh) hinaus gängigen, durchschnittlichen Priesterausbildung; natürlich tragen auch eigene Erfahrungen zu dem folgenden Bild bei.

Die in neuester Zeit viel beklagten Fälle von pädophilem Missbrauch, zahlreiche Beispiele von sexuellem Doppelleben von Priestern, selbst Bischöfen, sind zwar gewiss nicht einfach der traditionell zölibatären Ausrichtung des katholischen Klerus zuzuschreiben, sie wurden jedoch begünstigt durch ein Epiphänomen dieser Prägung in der Ausbildung. Im Gleichschritt mit dem allgemeinen Zeitgeist vor, während und auch noch nach dem Konzil, der das Thema „Sex" weitgehend vom öffentlichen Diskurs fernhielt,[48] war der Umgang mit der eigenen Sexualität gewöhnlich kein Thema der Priester-Ausbildung. Man rechnete auf dessen Selbstregulierung, streifte es nur negativ: Abgrenzung, Abstand-Halten, Selbstbeherrschung, Vollzeitbeschäftigung, Gebet, Fasten und Diät.

Das Thema Sexualität-Frau wurde atmosphärisch unter „Versuchungen" (Eva als Falle für Adam – zB Hieronymus) abgelegt, entsprechende Anwandlungen als eine Art Inkontinenz empfunden (wie die Pollution).

[48] Aufklärungsfilme" und „Sexualkunde" in den 60er Jahren des 20. Jahrhunderts (O. Kolle, K. Strobel) empfand die deutsche Öffentlichkeit als Sensation, die kath. Kirche als Skandal. Kurze Koitus- und Ipsations-Szenen in I. Bergmans Film „Das Schweigen" entfachten 1963 erregte öffentliche Debatten.

Dahinter lauerte die „Gefahr" der „Absprünge". Die weithin maskuline Welt im Seminar (nur Nonnen und ältere Putzfrauen waren für praktische Dienste zugelassen) – vor allem Vorsteher, Dozenten – schien in den Augen der Studenten ohne sexuelles Restrisiko auszukommen und zu funktionieren. Schließlich hatten frühere Generationen „es" ja auch (wenigstens ´recht und schlecht`) „geschafft", ohne ständig Skandale zu produzieren. Noch früher suchte man sich bei „Problemen" zusätzlich durch Selbstgeißelungen u.ä. zu helfen, suchte aber auch seelisch-willentliche Stärkung in idealisierten Vorbildern. Die Priester-Ausbildung zeichnete Heilige, die als beispielhaft gelten konnten, legendenhaft in entrückt-engelgleicher Gestalt. Thomas von Aquin war – so ein Hagiograph – „ganz losgeschält von irdischen Bestrebungen und Neigungen, ein Bild blütenweißer Unschuld und Reinheit und idealer Hingabe des Geistes und Herzens an Gott. Nur kurze Zeit widmete er dem Genuss von Speise und Trank und dem Schlafe. In der frühesten Morgenstunde las er die hl. Messe".(49)

Allerdings zeigte sich, dass „seine Körperkraft nicht mit der Wucht seines geistigen Schaffens" Schritt halten konnte, sodass seine Lebensenergie mit ungefähr 49 Jahren verbraucht war (ebd 13). Auch ein so nobler Geist wie der englische Konvertit Newman war hier Kind der Tradition.

---

(49) Grabmann, 23.- Ein alter, im deutschen Sprachraum tätiger Priester, H. Schwegler (78), schrieb, bezogen auf die sexuellen Skandale, an die Bischöfe: „Die Tabuisierung und Verdrängung unserer Leiblichkeit und Sexualität, die Unfähigkeit, in geeigneter Weise damit umzugehen, hat Probleme entstehen lassen, die jetzt ans Tageslicht kommen" (Brief v. 20.4.2010). Sie antworteten, gaben ihm Recht. Doch kommt die erzieherische Bildung der Seminaristen betr. einer fundierten, reifen Wahl zwischen Ehe und Ehelosigkeit (resp. Priesterberuf), wie vom CIC 1983 verlangt (vgl. Heimerl, 25ff), wegen der Zölibats-Sorge zumeist wohl eher erst verbal u. theoretisch voran.

Die damals an Jesus gestellte Frage nach dem Weg zur Vollkommenheit (Mt 19,21) beantwortet er einmal mit der allgemeinen Empfehlung, nicht spät schlafen zu gehen, früh aufzustehen, das Tagewerk zu Gottes Ehre und in Gedanken an ihn zu leisten, „böse Gedanken fern" und abends Gewissenserforschung zu halten – tue man so, sei man schon vollkommen. Eine asexuelle Vollkommenheit.

Der täglich unvermeidliche Umgang mit eigener und fremder Sexualität kommt namentlich nicht vor (frei nach dem Motto „net amol ignorier`n"), geschweige denn als Aufgabe; wenn überhaupt, dann negativ unter „böse Gedanken" und „Gewissenserforschung". Hatte nicht auch Thomas von Aquin mit 19 Jahren eine Versuchung in Gestalt eines Mädchens (in der Legende wird sie zu einer Prostituierten) zu bestehen, das ihn im Auftrag der Familie verführen und vom Klostereintritt abhalten sollte?

Fügt die Fama nicht hinzu, ihm sei alsbald ein Engel erschienen, der ihm einen Schutz- und Keuschheitsgürtel überreicht habe, durch den er sein Leben lang gegen derlei Versuchungen gefeit gewesen sei? Und sprach nicht der heilige Paulus von dem „Stachel" in seinem Fleisch, den er als Satansboten empfand, der ihn wie mit Fäusten traktierte, um ihn zu demütigen? (2Kor 12,7) Wer von diesem Bekenntnis eine Brücke schlug zu Paulus` Rat, unverheiratet zu bleiben, glaubte zu wissen, woran dieser litt. Die mit 12 Jahren trotz Gegenwehr den Messerstichen eines Vergewaltigers unterlegene, 1950 heiliggesprochene Maria Goretti wurde der katholischen Jugend einseitig als leuchtendes Vorbild der Keuschheit und Reinheit vorgehalten, und zwar oft mit traditionellem Unterton, als sei sexuelles Begehren unrein (dabei war Marias kindlicher Glaubenseifer und ihre Bereitschaft, sterbend ihrem Mörder zu verzeihen, mindestens nicht weniger „heilig").

Die durch Einseitigkeit und Ignorieren problematische Ausbildung wird durch eine wahre Begebenheit illustriert: Vor vielen Jahren klopfte am frühen Abend ein älterer Priester an die Tür eines Mitbruders und bat, unter Anzeichen aufkommender Panik, um Beichtgelegenheit.

Einziger Inhalt: er kam soeben aus einem im Berufsverkehr überfüllten, öffentlichen Verkehrsmittel, war im Gedränge an eine Frau gedrückt worden und hatte das dabei verspürte Wohlgefallen (die Lust!) nicht unterdrückt. Er wollte die „schwere Sünde der Unkeuschheit" unbedingt beichten, um auf der „sicheren Seite" zu sein, falls er in der kommenden Nacht sterben sollte ...

Der arme Mann musste vermutlich täglich beichten. Das Erziehungssystem hatte ihn zu einem Skrupulanten gemacht (vgl. Ratzinger 1969, 98), der bei jeder sexuellen Regung, die er nicht sogleich überwand, tödlich erschrak. Lauerte hier doch nach der damals (!?) geltenden Moraltheologie eine Todsünde und galt selbst schon ein „Wohlgefallen im halbwachen Zustande" als „lässliche Sünde" (vgl. H. Jone).

Wie verklemmt die Ausbildung der Theologiestudenten war, habe ich ...von Prof. Ermecke erfahren: Bis 1945 hat bei der Behandlung des Themas „Sexualität" [Moraltheologie-Vorlesung] im Hörsaal eine geweihte Kerze brennen müssen, und die Aussagen über sexuelle Vorgänge durften nur in lateinischer Sprache erfolgen. (50)

Die lateinische Sprache, welche die sexuellen Phänomene und Zusammenhänge sozusagen verkleiden sollte, wurde auch im einschlägigen Schrifttum verwendet (zB bei Jone noch 1961). Eine mit solch ʹhöchster Vorsichtʹ zusammenhängende Auswirkung war die Befangenheit der Frau (Eva!) gegenüber, die sich oft in „Weiberfeindschaft" ausdrückte – ein bekanntes Phänomen.

(50) v. Eiff, 77

Der Priester schützte sich vor der Frau, indem er sie abwertete, wie der Mönch Thomas von Aquin sich vor ihr schützte, indem er sie als nur „etwas Mangelhaftes" (aliquid deficiens) definierte. Es gab (und gibt) nicht selten Pfarrer, die fühlten sich nur zu den männlichen „verlorenen Schafen" des „neuen Israel" geschickt und ließen eine Frau nur vor, wenn sie ein Nonnengewand trug. Das sogenannte „christliche Menschenbild", das Studenten nahegebracht wurde und dessen (von altgriechischer Philosophie beeinflusste) Einseitigkeit sie nicht durchschauten, sah die Sexualität als Indiz für einen Zwiespalt, der auf den Gegensatz von Geist und Körper gebaut war. Als Kontrast zur altgriechischen Sinnenfreude hatte sich in bestimmten Gruppierungen (Orphik, Pythagoreer, Empedokles) ein auf Scham- und Schuldgefühle fundierter Asketismus gebildet, der in Dialogen Platons wirksamen, philosophisch-weltanschaulichen Ausdruck fand: Es gebe zwei Arten von Liebe – Liebe zur körperlichen Schönheit, zu Frauen und zu leiblichen Kindern (Eros) – eine verächtliche Liebe nach Sklavenart – und die geistige Liebe zum von „menschlichem Fleisch leeren", reinen, ewig-eingestaltigen Schönen und Wahren an sich, wie auch zur Zeugung geistiger Kinder; „die Zeugung solcher Kinder dürfte sich doch jeder lieber wünschen als die Geburt menschlicher Kinder", wie auch die Schönheit von Seelen als etwas „Ehrenhafteres", „Wertvolleres" (timiôteron) zu halten sei als körperliche Schönheit (Symposion 208c-212a). Der Körper eine „Fessel", ein „Gefängnis", ja eine „Befleckung" der Geistseele, die sich davon „reinigen" müsse; denn „der grausige Charakter des Gefängnisses" der Seele seien „die Begierden" (Phaidon 82de). Platon gebraucht einen drastischen Vergleich: „Jede Lust und jeder Schmerz haben gleichsam einen Nagel, mit dem sie diese (Seele) festnageln an dem Körper, anheften und körperartig machen, indem die (Seele) glaubt, das sei wahr, was der Körper sagt" (Phaid. 83d). Weisheit bestehe jedoch darin, sich vom Körper so weit wie irgendmöglich zu lösen, also das Sterben vorwegzunehmen, um der geistigen Welt nahezukommen, aus der man durch eine Urschuld einst herausgefallen sei.

Solche Ideen wirkten weiter, fanden ein – vereinfachtes – Echo auch in der Stoa, etwa bei Seneca, einem römischen Zeitgenossen Jesu. Nach ihm findet der wahre Weise und Tugendhafte seine „wahre Lust" in der „Verachtung der Lüste" (voluptatum contemptio).(51)

Hier spricht auch der Affekt vieler spätantiker Intellektueller mit, für welche die sexuelle Leidenschaft unter der Würde des *rationalen* Menschen war.

Dieses dualistische Menschenbild (von Ambrosius bestärkt) wirkte massiv auf Augustinus ein, der in fortgeschrittenem Alter den Eindruck gewann, als junger Mann habe er im „nebligen Sumpf der Lust des Fleisches" (nebulae de limosa concupiscentia carnis)", im „Gekreisch der Kette meiner Sterblichkeit (stridor catenae mortalitatis)", im „Schmutz/Unrat des sinnlichen Begehrens (sordes concupiscentiae)" und im „Tartarus der Lust (tartarus libidinis)" gelebt (Bekenntnisse II,2; III,1) und sich nur unter größten Mühen von der „Fessel der Frau (tenaciter conligabar ex femina)" lösen können (ebd VIII,1).

---

(51) Vom glücklichen Leben 4,2; diese Denkweise zeigt sich auch in der Umkehrpredigt des sog. 2. Clemensbriefs (2. Jh) mit ihrem Übersprungswillen über das Irdische; in Radikalisierung von Gal 3,28 („in Christus ... nicht Mann noch Frau") sieht der Vf. das Gottes-Reich dann kommen, wenn „ein Bruder beim Anblick einer Schwester (= Christin) an sie nicht als Frau denkt, und sie an ihn nicht als Mann" (12,1).

Auch vor diesem Hintergrund versteht sich der berühmte Gebetsvers „Spät habe ich Dich geliebt, Du Schönheit, ewig alt und ewig neu ... Du warst drinnen und ich war draußen", dessen Formulierung Augustin als echten Platoniker (Schüler Diotimas) ausweist (Bekenntnisse X,27).

Zwar will Augustinus in den „Bekenntnissen" erklären, wie mühsam sein eigener Weg zu der Erkenntnis war, er sei selber berufen zum „Beschnittensein um des Himmelreiches willen" (Mt 19,12), also zur Erkenntnis seines persönlichen Weges (wie der Kontext der zitierten Äußerungen zeigt). Hat man freilich das ihn prägende, antike Menschenbild übernommen, verliert Augustins Reflexion auf seinen Weg leicht an Gewicht und erscheint sein bildhafter Horror vor der Fleischeslust als eindrücklich-maßstäblich. An anderer Stelle hat er seine Erfahrungen viel gröber (man kann sagen: sexistisch) ausgewertet und zu folgendem Schluss gebracht:

„Besiegen wir also die Lockungen und Lasten der Begierde (cupiditas); unterwerfen wir uns diese Frau, wenn wir Männer sind. Mit uns als Führern wird auch sie besser sein und nicht mehr Begierde, sondern Mäßigung heißen. Denn wenn sie (die Frau) führt, wir ihr aber folgen, ist sie Begierde und Lust, uns aber wird man Unbesonnene und Toren nennen. Lasst uns Christus folgen, unserem Haupt, damit auch sie, deren Haupt wir sind, uns folge" (Eph 3,1 sieht es umgekehrt!).

Im Blick auf gottgeweihte Jungfrauen und Witwen fügt er an, auch christliche Frauen besäßen etwas Männliches (virile quiddam), womit sie die weiblichen Lüste (femineae voluptates) unterjochten, „um Christus zu dienen". Wenn jedoch „der Mann, das heißt Geist und Verstand" sich unterjochen lasse, werde der Mensch erbärmlich und elend (Die wahre Religion XLI 221ff).

Zitate wie die eben genannten fehlen in der wertvollen Schrift „Ehelosigkeit – des Lebens wegen" aus der Feder des Benediktiners *Anselm Grün*.

Um die positiven Erfahrungen und Möglichkeiten ehelos lebender Menschen aufzuzeigen, bedient sich Grün (zu Recht), außer der modernen Psychologie, vornehmlich der Einsichten früher Wüstenväter (u.a. Cassians) und der großen Mystiker. Es ist jedoch kein Büchlein für jedermann, sondern für jüngere Mitbrüder im Kloster (s. Vorwort). Das Thema „Junktim" streift er nur indirekt. So hilfreich Grüns Ausführungen sind – epochemachend in der Kirche waren (leider) die o.g. Autoren.

Vorstufe zu den zitierten Auffassungen bildet der bei Platon auffindbare, zB bei Ambrosius und Hieronymus wirksame, gekränkte Stolz des ʹhomo sapiensʹ, dass er Geschlechtsverkehr und Fortpflanzung mit den Tieren gemeinsam habe. Den christlichen Asketen blieb die Idee fremd, jener Sachverhalt sei vielleicht eine Hilfe zur Demut, eine Hilfe zu Lebensgemeinschaft und Fortpflanzung, ein ʹMotorʹ zu Vertrauensstiftung und zu seelischer Vertrautheit. Und sie bedachten kaum, dass auch die Geschlechtskraft (unbeschadet der Aufgabe ihrer humanen Gestaltung) eine von Gott geschaffene, darin bejahte und innerhalb von Menschwerdung und Hingabe des Sohnes auch ein unbedingt Geliebtes ist, von daher eine Positivität und Gültigkeit empfängt, die es verbietet, sie primär negativ zu werten, gar abzulehnen.(52)

Die spätantik-frühchristliche Geschichte der oft gewaltsam versuchten Losreißung der Frommen vom körperlich-sexuellen ʹPfahlʹ bietet reichlich Stoff für eine erfahrungsgesättigte, christliche Anthropologie und für die Fallen, die sich dem gläubigen Menschen im Zuge seiner Selbstwahrnehmung und -gestaltung in den Weg stellen.

---

(52) Dazu Rahner (1961), 53. Aus medizinischer Sicht stellt v. Eiff klar: evolutionsgeschichtlich gesehen, zielt der Sexualtrieb im Menschen nicht mehr primär die Fortpflanzung an (an 23 von 28 Tagen gehen die Spermien zugrunde, an fruchtbaren Tagen beträgt die Befruchtungswahrscheinlichkeit nur ca. 15%) und die Gehirnentwicklung befähigt den Menschen, Geschlechtsverkehr auch als personale, liebend-lustbetonte Zuwendung zum Du (als anderer Person) zu gestalten und zu erleben (aaO, 88-97)

Grundsätzlich heißt es für ihn, zu erkennen, ja anzuerkennen, dass Gott ihm zumutet, er selbst als dieser Mensch in leib-seelischer Einheit sein zu wollen, seine eigene Bekehrung zu vollziehen als Annahme des Verhältnisses, das er ist: ein Verhältnis von Seele und Leib, „von Ewigem und Zeitlichem". Jene körper- und sexualfeindlichen Asketen sprachen und handelten unter dem Eindruck der Scham, die der Geist empfindet, wenn er als personaler Geist das genannte Verhältnis, das er ist, übernimmt, in sich aufnimmt und dabei erschreckt die Differenz feststellt zwischen ihm selbst (sowie dem Seelischen, das er integriert) einerseits und dem Körperlichen andererseits, das ihm nun zumal als Sexualität gegenübersteht. Der Geist nimmt hier wahr, dass er nicht reiner Geist ist, sondern ´nur` leiblich-geschlechtlich gebundener Geist ist und sein kann (er ist er selbst und das Geschlecht). Diese Synthese zu setzen ist ihm aufgetragen. Sie enthält aber auch das Ja zu einem Stück Ohnmacht, das dem Geist als ratio zuwider ist. Denn auf dem *Höhepunkt* der Erotik fühlt sich der Geist ´entfremdet`, darin ist rational nichts zu be-greifen, im Gegenteil, hier hat er das Gefühl, sich zu verlieren. Darum fühlt er Scham, in der sich Angst bekundet.

Sie drängt ihn, vor der Aufgabe, die ihm gestellt ist, zu fliehen (ins Phantastisch-Rauschhafte, vermeintlich Rein-Geistige, Nur-Göttliche, Heilig-Spirituelle), zieht ihn dabei jedoch von sich selbst weg.[53] Die ganze Annahme seiner selbst aber könnte ihm gelingen im vertrauenden Glauben an Gott, seinen Schöpfer, der ihn von Verzweiflung und Sünde (Nicht-Akzeptanz des Menschseins) heilen, auf *seine* Weise - zu loslassender Hingabe - reini-

---

(53) Zur christl. Anthropologie vgl. bes.: Kierkegaard, Kap. 1 § 5; Kap. II § 2; Guardini (1960)

gen will (wie Jesus sie im Konflikt um „unrein" und „rein" andeutet). Man muss vermuten, dass die eben skizzierte Kontroverse im Rahmen der christlichen Anthropologie ihre Virulenz auch in der Auseinandersetzung um das Zölibatsgesetz behauptet.

Eine eigene Würdigung verdient freilich auch die ´antipathische Sympathie`, die das junge Christentum mit Strömungen des Frühjudentums verband. Zur Zeit Jesu war etwa die auch den Römern aufgefallene Gruppe der Essener aktiv, die zum Teil, aus Reinheitsgründen und zur Reform Israels, ganz ehelos lebten, zum anderen Teil sich zögerlich verheirateten, jedoch nur der Fortpflanzung wegen.(54) Wie die heidnische, so reflektierte auch die jüdische Volksweisheit die verführerische Macht der Frau über den Mann (sie habe einen stärkeren „buhlerischen Geist" als er) und die Furcht des Mannes, weiblicher „List" zu unterliegen (Testament der zwölf Patriarchen: Ruben 5,1-5). Solche´Weisheiten`, wie die im Zwölf-Patriarchen-Testament niedergelegten, haben die Christen der ersten und zweiten Generation gekannt und aufgenommen, so sehr, dass christliche Leser sie sogar ergänzten. Dem widerspricht nicht, dass die Christen zu Anfang des 2. Jahrhunderts vom jüdischen Glaubensverband exkommuniziert wurden – waren sie doch überzeugt, die besseren Gläubigen zu sein, jene, „die den Herrn gesehen" hatten. Der Bruch mit der bisherigen Glaubensgemeinschaft, zusammen mit dem Zustrom zahlreicher Anhänger aus der Welt der *gojjim,* verstärkte in ihnen das Gefühl, es bestehe eine Diskontinuität zwischen der quasi stehen gebliebenen Erwartung Israels auf der einen und dem Zeugnis vom Erscheinen des sogar aus dem Tod göttlich erretteten Messias auf der anderen Seite.

(54) Vgl. Lohse, 60; Brown (1994), 52ff.

Denn mit seinem Erscheinen hatten sich die Dinge offenkundig beschleunigt, war die alte Welt mit ihren vergänglichen Regeln ´ausgezählt`, und brach die künftige Welt bereits an. Daher die Mahnung „Die Zeit ist kurz" (1Kor 7, 29). Die bisherigen Bindungen schienen dabei zu sein, sich aufzulösen, alle Aufmerksamkeit und Sorge galt der Bereitmachung für die anbrechende neue Welt und für das Leben unter ihren (neuen) Bedingungen. Paulus selbst ist ein exemplarischer Zeuge für den dabei entstehenden Zwiespalt – die innere Bereitschaft und den Willen zum Neuen, das Leiden zugleich an einer in der eigenen Natur sitzenden Sperre, Widerständigkeit gegen den Heilswillen Gottes. Der Sitz der so umschriebenen „Sünde" ist, nach Paulus, das „Fleisch" (sarx) bzw der „Leib" (sōma) mit seinen „Leidenschaften" (pathēmata) und Gliedern, dem Tod verfallen (Röm 7). Der gläubige Mensch empfindet sich wie hin und her gezogen zwischen dem *pneuma* einerseits und dem widerständigen Gesetz in seinen Gliedern andererseits, ein Antagonismus, aus dem Gott durch Christus den leidenden Menschen erlösen wird (Röm 7,24f). Im Blick auf die Verhältnisse in Korinth erhält dieser Antagonismus, dem sich Paulus selbst ausgesetzt fühlt, ein Gefälle in Richtung einer konkreten Identifizierung. Das städtische Leben, weithin geprägt von moralischer Liberalität und sexueller Promiskuität, die auch in die dortige Christengemeinde hinein ausstrahlen, erscheint (jedenfalls dort!) den Zwiespalt im Menschen greifbar zu konturieren: Sexualität und erotische Praktiken jenseits der natürlichen Ordnung (porneía, Unzucht) umreißen für die Augen des Paulus gleichsam jenes ´Widerstandsnest` gegen Gott, worin das Geschaffene anstelle des Schöpfers durch Verabsolutierung verehrt wird.

Hier wird das Feld derSexualität für Paulus erkennbar als Einfallstor und Wirkungsfeld Satans. Den Apostel beunruhigen thematische Rückfragen aus der Gemeinde vor dem Horizont der vergehenden Weltzeit und der andrängenden Heilszeit. Seine Weisungen und Ratschläge (1Kor 7) sind eindeutig situativ. Die situative Ausrichtung dieses Textes haben viele spätere Paulus-Leser in der Kirche verkannt oder ausgeklammert. Die Ausklammerung des situativen Charakters jenes Kapitels lässt jedoch die Weisungen und Ratschläge des Apostels absolut (statt situativ-relativ) wirken. In Unkenntnis biblischer Spracheigentümlichkeiten und Begriffe (einschließlich Altes Testament) gelangten Ambrosius, Hieronymus, weithin auch Augustinus u.a. zu einer Gleichsetzung des paulinischen „Fleisch"-Begriffs mit Körper, Sexualität nach hellenistisch-dualistischem Verständnis.(55) Da Jesus beunruhigenderweise die Ehe wenig und den Gebrauch der Sexualität gar nicht thematisierte, bzw. nichts dazu von ihm überliefert ist, übernahm die Kirche in zunehmendem Maße die höchst einseitigen, schiefen, vom hellenistischen Zeitgeist (Misogynie, Sexophobie) geprägten Ausarbeitungen und Meinungen von Asketen und asketisch denkenden Theologen, als wären sie das nachgereichte, vermeintlich fehlende Stück Evangelium.

Der Spiritualismus als Weltanschauung entfachte in den ersten christlichen Jahrhunderten eine mächtige Neigung, unter seinem Vorzeichen auch ein – wie man glaubte – christliches (tatsächlich eher neuplatonisch-stoisches) Menschenbild herzustellen, das dem damals verbreiteten Wunsch entgegenkam, den Fesseln der Welt, zumal des Körpers, zu entkommen. Wie einseitig und unduldsam diese Asketen sein konnten, zeigt die Bemerkung des Hieronymus über einen spanischen Bischof, der, zunächst

(55) Vgl. Brown (1994), 349-394

Anhänger des manichäisch eingestellten Priszillian, später das Enthaltsamkeitsideal nicht mehr teilte: *"Wie ein Hund zu seinem Erbrochenen zurückkehrt,* verheiratete er seine Tochter, die eine Christus geweihte Jungfrau gewesen war".(56) Das Streben christlicher Männer (zumal von Klerikern) und Frauen nach „Jungfräulichkeit" in Spätantike und Frühmittelalter – Origenes glaubte, sich selbst beschneiden zu sollen, um Mt 19,12 zu erfüllen (Eusebius VI 8) – sollte anschaulich machen, dass ein Entkommen aus den Fesseln des Körperlichen schon in dieser Welt mit willentlichem Einsatz möglich war, erst recht da die sexuelle Lust als Verkörperung des ungeordneten Willens des adamischen Menschen galt. Unterstützend gesellte sich zu dieser Sicht das archaische Motiv von der „Reinheit" vor dem „Heiligen". Dass der Sexualtrieb und das Verlangen nach Lust zwar spontan, rebellisch, ´allgegenwärtig`, aber zähmbar und sozialisierbar sind, wie es die Mehrheit der Ehen erfährt, bleibt in der von Paulus anvisierten Situation außer Betracht; erst recht ein Preisgesang auf die Liebe von Mann und Frau und auf die Sehnsucht nach körperlich-seelischer Vereinigung zweier Liebender, die sich geliebt wissen, wie er im Hohen Lied (AT) vorliegt. Der Antagonismus im Inneren des Menschen, von dem Paulus spricht und unter dem er leidet, entspricht dem Antagonismus der zwei Leidenschaften oder Triebe (des bösen und des guten Triebs), über den die jüdischen Rabbinen (im Anschluss an Gen 6,5; 8,21) nachdachten und fanden, dass Gott beide erschaffen hat als unentbehrliche ´Motoren` für den Menschen.(57)

(56) Zitiert nach Brown, 439
(57) In Gen 2,7 ist bei der Aussage „Gott bildete (den Menschen)" das hebräische Wort für bilden (jzr) mit 2 j geschrieben, was die Rabbinen als Hinweis auf die 2 Triebe (hebr. jezer) des ´Triebwesens` Mensch nahmen: vgl. Babylon. Talmud, Berachot 61a; Levinson, 55-59

Jüdisch-ganzheitliches Denken wehrt auch jedem Versuch, Schuld und Sünde einseitig auf den Körper oder die Seele verteilen zu wollen; Gott richte vielmehr beide gemeinsam.(58) Diese bibelgemäße, ganzheitliche Sicht auf den Menschen in Einheit von Innen und Außen kommt bei Paulus *hier* nicht zum Tragen, und Augustinus geht sie noch stärker ab: Der eigentliche Mensch ist für ihn die Seele.(59) Heirat und Ehe also erscheinen im Licht jener Paulus-Verse vor korinthischem Hintergrund allein als Schutz vor der frei flottierenden, zur Unzucht neigenden, an sich von Gott wegführenden, satanischen Begierde, von der einzig ein schmales Segment – der Fortpflanzungs-Zweck – einen zulässigen, tolerierbaren Dienst erfüllte. So bekam in der Folgezeit die Ehe einen pejorativen Beigeschmack, und für Christen, die es nur bis zur Ehe ´schafften`, bildete sich das Odium der weniger Begnadeten heraus; denn „die Ehe war dagegen keine ´Gabe`. Die Tatsache, dass jemand verheiratet war, verriet vielmehr das Fehlen von Gottes Ruf zur Enthaltsamkeit". (60)

Die frühchristliche Überzeugung vom beschleunigten Verfall der alten Welt und ihrer Bindungen unter dem Anbruch des „neuen Äon" traf im Mittelmeer-Raum zusammen mit einem von Platonismus und Stoa genährten, tiefen Misstrauen gegen das Körperliche, Sexuelle, davon abgeleitet auch gegen Frau und Ehe. Ein charakteristisches Zeugnis dafür ist etwa die kurze, zu Anfang des 2. Jahrhunderts verfasste Mahnung, Heiratswillige sollten ihre Ehe vor dem Bischof schließen, damit ihre Ehe dem Herrn gemäß sei und nicht der Begierde (epithymía).(61)

(58) Babylon. Talmud, Sanhedrin 91a-b; Levinson, 55f
(59) Flasch, 77f
(60) Brown (1994), 71
(61) Ign. v. Antiochien, Brief an Polykarp 5,2

Von solcher Sicht(62) war auch die Folgezeit geprägt, der sich Augustins Wertschätzung des Platonismus eingeprägt hatte: niemand sei uns (Christen) so nahegekommen wie die Platoniker (Gottesstaat VIII,5). Vor allem wurde die platonische Überordnung des Verstandes über das Sinnlich-Körperliche im Sinne eines Werturteils übernommen, was die sog. christliche Weltanschauung entscheidend prägte. So kann etwa für Thomas von Aquin die Glückseligkeit (felicitas) nicht im sinnlichen Teil des Menschen bestehen, selbst also auch nicht sinnlicher Natur sein. Für Thomas ist es wegen Eigenständigkeit und Selbstlenkung der Geistseele erwiesen, dass der Intellekt „besser" ist als der Sinnenbereich (intellectus est melior sensu). Darum sei auch das geistige Gut besser als ein sinnliches Gut. Somit könne das höchste Gut des Menschen nicht in etwas Sinnlichem bestehen.(63) Zwar kritisiert er Platons Menschenbild von Aristoteles her, doch bleibt der dualistische Grundzug bestehen: weg vom Zeitlich-Sinnlichen, als Geringerwertigem, hin zum rein Geistigen, Ewigen, Höher- und Höchstwertigen.

Der neuplatonische Grundzug bestimmt auch Thomas` Sicht der Ehe. Ihre Unauflöslichkeit will er mit den Mitteln jenes Menschenbildes begründen: „die Frau bedarf des Mannes nicht bloß wegen der Zeugung, sondern auch wegen der Lenkung (gubernatio), denn der Mann ist sowohl vollkommener im Rationalen (ratione perfectior) wie auch stärker in der Tugend (virtus).(64)

---

(62) Augustins berühmter Satz „Liebe (dilige) und, was du willst, tu!" ist nicht auf die geschlechtliche Liebe gemünzt, er meint das Handlungsprinzip vor der Alternative Belohnung oder Strafe: Flasch, 165f, vgl. 135f; der Sinngehalt des Satzes ließe sich jedoch erweitern.
63 Th. von Aquin, Summe wider die Heiden III,33
64 Th. von Aquin, Summe III, 123

„Virtus" wäre auch übersetzbar mit Manneskraft, männlicher Tüchtigkeit (vir-tus) – das Argument wäre dann aber tautologisch – , gemeint ist aber wohl wegen der Erwähnung der Ratio und des Lenkungsgedankens die Tugend, wie oben bei Augustinus, dessen Äußerungen Thomas wohl gekannt hat (Pflichtlektüre). Allerdings sieht Thomas (mit Augustinus) noch einen weiteren Aspekt: Mann und Frau scheine auch eine höchst intensive Freundschaft (maxima amicitia) zu einen; sie kämen nämlich zusammen nicht nur „im Akt der fleischlichen Kopulation" (in actu carnalis copulae(65), wie bei den Tieren, sondern vereinten sich auch „für die Gemeinschaft des ganzen häuslichen Umgangs" (ebd).

Die Hervorhebung dieses zusätzlichen Aspekts der Ehelehre des Thomas ist Interpretationsgerechtigkeit, nicht Wirkungsgeschichte; diese verfährt meist einseitig im Sinne schon bestehender Vor-Urteile.
Dem mönchisch-asketischen Ideal der Priester-Ausbildung aber kommen Sicht und Argumentation des „Plato christianus" (des ´getauften` Platonismus) entgegen.
Daher war (und ist) bei zölibatären Klerikern eine Frauen nicht nur meidende, sondern sie distanzierende, ja herabsetzende Feindschaft keine Seltenheit, in nicht wenigen Fällen bis heute. Sie dürfte nicht nur den amtlichen (männlichen!) Willen, am ausnahmslosen Priesterzölibat festzuhalten, *mit*bestimmen, sondern auch die Weigerung, Frauen zu Priestern – selbst nur zu Diakonen – zu weihen (vermeintlich eine theologische Unmöglichkeit).
Diesen Befund ergänzen die „verschiedensten Ersatzbefriedigungen wie Vielgeschäftigkeit, Schwäche gegen-

---

(65) Im lateinischen Begriff copulare, copulatio kommen die Aspekte Verbindung wie Fessel zusammen!

über Alkohol und Nikotin und anderen Genüssen ... Gott allein weiß, wie oft der Zwangszölibat schon geheime Liebe überhaupt oder wenigstens Selbstbefriedigung zur Folge hatte",(66) darüber hinaus, wie man inzwischen beschämt zur Kenntnis nehmen muss, zahlreiche Fälle von Gewalttätigkeit (Prügel, sexueller Missbrauch) von Priestern an Schutzbefohlenen. Es ist kein Trost, dass in der säkularen Gesellschaft in dieser Hinsicht noch mehr im Argen liegt. Unbefangenheit und Selbstzucht, mehr noch: psychosexuelle Reife sind etwas, das mit mancher Mühe erworben werden muss. Aber für eine positive Betrachtung des Themas Sexualität hatte die herkömmliche Ausbildung in der Regel keinen Raum – was zumindest erklärt, weshalb viele der so Gebildeten später, bei neu erwachendem, Orientierung suchendem Bewusstsein und Gefühl für Körper und Geschlecht, schmerzlich registrierten, dass ihrer Persönlichkeit der positiv integrierte Wert eines wesentlichen menschlichen Erfahrungsbereichs fehlte.

Wenn dieses Versäumnis im Zuge der Aufarbeitung der Missbrauchs- und anderer Fälle bereinigt werden soll, ist nicht zu sehen, dass die Frage, wie der (künftige) Priester ein positiv-unbefangenes Verhältnis zu Frauen gewinnen könne, davon ausgeklammert bleiben könnte. Dann entsteht aber auch unter neuen Vorzeichen die Frage nach Wert und Unwert des ausnahmslosen Priester-Zölibates.

Dabei wäre mitzubedenken, dass sich in den Sechziger Jahren des 20. Jahrhunderts das selbstverständliche Glaubensklima und die für ein Leben im Zölibat günstigen Umweltbedingungen sehr rasch verflüchtigten, sodass in einer profan-pluralistischen Gesellschaft ein aus religi-

---

(66) A. Beil, Freiheit zum Charisma, in: Böckle, 57; s.a. ders., Zölibat als Charisma, in: Denzler (1980), 167-17

ösen Gründen zölibatär Lebender weitaus mehr als früher auf sich und seinen Glauben allein gestellt ist. Darauf macht Heinrich Spaemann aufmerksam, der als seltene Ausnahme sowohl das Leben im Ehestand wie auch die ehelose Lebensform aus eigenem Erleben kennt.

Er bezeugt (und viele können es bestätigen), dass in der modernen, globalisierten Gesellschaft die ehelose Lebensform nur bei solchen Menschen verstanden und akzeptiert (d.h. nicht ʿhinterfragtʾ) wird, die als Entwicklungshelfer, Ärzte, Forscher sich ganz und gar, sicht- und greifbar dem Einsatz für „die Verdammten dieser Erde" hingeben (man muss hier anfügen, dass der Zölibat bei Schwestern und Brüdern der „Ärmsten der Armen" wie Mutter Teresa, Soeur Emmanuelle, bei Abbé Pierre u.a. öffentlich ohne weiteres verstanden und akzeptiert wurde). Das heißt, das humane oder soziale Engagement der betreffenden Persönlichkeit muss für Wahrnehmung und Vorstellungskraft so eindeutig-unzweifelhaft alle konventionellen Bande sprengen, so wichtig und unersetzlich sein, so überzeugend unverträglich mit dem Rahmen der Normalität, dass auch die ʿNormalverbraucherʾ verstehen, dass hier andere Maßstäbe gelten. Von solcher Überzeugungskraft für die Öffentlichkeit (auch in der Kirche) ist der Amtszölibat weit entfernt. Die Allgemeinheit nimmt am durchschnittlichen Profil der Pfarrer zuerst die Begrenzung wahr – Ehelosigkeit –, kein Engagement über alle Maße und Grenzen (was nicht heißt, den Pfarrern werde Faulheit unterstellt). Man nimmt am Priester die Ehelosigkeit nicht als Ausdruck einer alle Kräfte bindenden, eigenen Entscheidung aus Berufung wahr, sondern die Abhängigkeit von der Institution oder Autorität. Entgegen vollmundigen Beteuerungen von Amts wegen, der Priester lebe aus der „Konfiguration" mit Christus, fällt für die Öffentlichkeit beim Blick auf Priester und Zölibat die Sicht auf Christus weitgehend aus, treten Papst X und Bischof Y optisch, verbal, juristisch an dessen Stelle.

Spaemann hält es für wenig weise, an der herkömmlichen Zölibatsregel unverändert festzuhalten; er beruft sich auf den Gott der Bibel, für den im Umgang mit seinem Volk Tatsachen, Ereignisse und Grenzen sowie die Menschen offenbar wichtiger sind als Theorien und Theologien.(67)

Wo Lebensklugheit und psychologische Zusammenhänge in geistliche Weisheit eingegangen sind, hat man erkannt, dass zu dem oben genannten, Persönlichkeiten verändernden, ja an den Rand der Zerstörung führenden Zölibats-Syndrom Mängelerfahrungen und Überkompensations-Bedürfnisse gehören, wie sie zB bei steilen Idealen und perfektionistischem Streben, dieses jedoch vom Gefühl des Ungenügens und Überfordertseins unterströmt, vorliegen. Gerade das Ideal der totalen Verfügbarkeit, wie es zugunsten des Zölibats amtlich gern hochgehalten und von nicht wenigen Katholiken (in Not) an Priester herangetragen wird, führt oft fast zwangsläufig zu derartigen Symptomen. Viele Priester klagen zu Recht über zuviel Arbeit und erwecken dadurch bei Kollegen und Gläubigen nicht selten den Eindruck, es müsse so sein; ein Priester, der nicht überarbeitet ist, sei kein Priester, der arbeitet (im „Weinberg des Herrn", versteht sich). Und beim Thema Zölibat denken so manche für das Priester-´Personal` Verantwortliche, es könne ja nur gut sein, wenn Priester (zu) viel Arbeit haben in großen Pfarreien und größeren Seelsorge-Einheiten, weil sie ja dann nicht so leicht ´auf dumme Gedanken` kämen ...

(67) H. Spaemann, Mut zur Wirklichkeit, in: Böckle, 60ff

Dem steht u.a. entgegen, dass eine größere Zahl von Priestern im Lauf der Jahre ihr Amt fluchtartig aufgegeben hat, weil sie den Arbeitsdruck nicht mehr aushielten. Obige Probleme belasten auch so manchen Bischof, der sein Amt mit einem hohen Anspruch auf geistliche Verantwortung und pastorales Engagement versieht.
Ein bekannter deutscher Bischof, vor einigen Jahren bei einer Visite nach seinem persönlichen Befinden gefragt, erwiderte, das wisse er nicht, er habe gar keine Zeit, darüber nachzudenken, wie es ihm gehe ...

Ein weiteres Kompensations-Symptom bei Zölibatären ist das Streben nach Einfluss und Macht, das auch so manche Ehemänner kennen, die ihre Ehesituation als unbefriedigend empfinden. Ungenanntes Motiv dahinter: wenn ich schon keine (befriedigende) Ehe führen kann/darf, will ich einen Ausgleich in Form von „Geltung" durch berufliche oder karrieremäßige ´Selbstbefriedigung`. Dazu gesellt sich gern ein intellektuelles Machtstreben, das sich sonnt im alleinigen Besitz der „Wahrheit" und auf Andersgläubige, Andersdenkende, Zweifler und weniger Gebildete mit Selbststilisierung, Rechthaberei, Unduldsamkeit, Moralismus, Einschüchterung, Drohung, nicht selten mit Verunglimpfung reagiert.
Hintergrund ist zum einen ein strenges Gottes-Bild nach dem (oft unreflektierten) psychischen Motiv: Wenn Gott von mir soviel verlangt (Verzicht auf Ehe, auf freie Selbstverwirklichung [d.h. Gehorsam], auf normales Glück), dann muss ich diesen strengen, zu Verzichten nötigenden Gott direkt und indirekt auch den Gläubigen (re-) präsentieren.

So gelangt man ins Fahrwasser des „alten Aberglaubens", der vielfältig durch die Kirchengeschichte mitgeschleppt wird, „dass das gottwohlgefällig sei, was dem Menschen schwerfällt und weh tut: ein Ungeist, der dem Liebeswillen Jesu diametral entgegensteht".(68) Vor allem in den Bereichen der Einschränkung menschlich-individueller Freiheit pflegen so geartete Männer zu tun, als ob man (mittels Spekulation und Kombination) in jedem Casus genauestens wisse, was Gott will und was nicht.

Hintergrund ist zum anderen das nicht erkannte, vielleicht auch nicht eingestandene Bedürfnis jeder Persönlichkeit nach Liebe und Geliebtwerden,(69) welch letzteres durch „totalen" Einsatz für Gott und Kirche mittels Anerkennung durch den Bischof (Ehrentitel) und Ehrungen seitens der Gemeinde gleichsam ´vorhimmlisch` errungen werden soll. *Diese* (dem Ehrgeizigen winkende) Liebe kann tatsächlich erarbeitet werden und unterscheidet sich dadurch von der biblischen Gottes-Liebe, die ebenso unverdient wie geschenkhaft ist.

Überzeugende Beispiele für zölibatäre Lebenswege haben jedoch ein anderes Fundament, sind weitgehend frei von geheimer oder offener Suche nach ´Ersatzbefriedigungen`, und geben der Frage nach Sinn und Dynamik von Ehelosigkeit eine andere Dimension.

---

(68) Eugen Biser in: Drewermann/Biser, 58; ausführlich Görres (1966), bes. 315ff. Es wäre aufschlussreich, kirchenamtliche Verlautbarungen daraufhin zu durchleuchten, welches Gottesbild im Hintergrund steht.
(69) Schaller, 37-42; vgl. Splett (1978): „Der Mensch begehrt, begehrt zu werden" (121)

7. Zölibat als Pflicht – Zölibat als Berufung

Einführend seien hier einige Überlegungen von Y. Fentener (†), Psychologe, ehedem Bruder von Taizé, vorgestellt, schon vor langer Zeit notiert und geeignet, das Thema Ehelosigkeit/Zölibat von menschlicher wie geistlicher Seite zu vertiefen.(70) Fentener vermerkt eigens, dass der „Eunuchen"-Spruch (Mt 19,12)(71) das Verständnis des Menschen neu aufrolle, da er die Sexualität nicht mehr nur dem „Sozial(= Gattungs)prinzip", sondern eher und vorrangig dem „Individuations-Prinzip" zuordne.

Das gelte nämlich vom Entschluss zur Eheschließung nicht weniger als von der Wahl der ehelosen Lebensform (ebd 122). Ferner sei es wichtig, den Begriff „Eunuch" im Evangelium in seinem *vollen* Sinn wahrzunehmen. Zu diesem Vollsinn gehöre die negative Seite des Begriffs. Eindeutig überwiege bei ihm das Negative, das in den beiden ersten Bedeutungen, die Jesus anführt (Eunuch vom Mutterschoß an – Eunuch durch menschlichen Eingriff), jedem Hörer oder Leser bewusst ist, das jedoch auch für das Eunuchentum „um des Himmelreichs willen" ernstzunehmen sei. Dann aber sei Unfähigkeit zur Ehe primär ein Missgeschick, ein Unglück, das Eunuchsein werde erlebt als Frustration. Auch der Zölibat für das Himmelreich sei daher nicht einfach Ursache von Freude, sondern zunächst Entbehrung, ein Leiden, Sichunglücklich-Fühlen (viele theologische Darstellungen ´sündigten`

---

(70) Fentener van Vlissingen (1969). Ich zitiere paraphrasierend wesentliche Erkenntnisse des vergriffenen Werkes.
(71) Der Eunuchen-Spruch Mt 19,12 ist für den Zölibat der offiziellen katholischen Priester-Theologie hauptsächlicher Bezugspunkt: vgl. II. Vat. Konzil: Konst. Über die Kirche Nr.42; Dekret Priesterausbildung Nr.10; Dekret Dienst u. Leben der Priester Nr.16; s.a. Direktorium Dienst u. Leben der Priester (von 1994) Nr.58 (Vollzitat)

in diesem Punkt durch Schweigen).(72)

Fentener sieht ihn als offene Wunde, deren Heilung aussteht, die unbestimmte Zeit auf sich warten lässt, ähnlich einem Leiden, das aller ärztlichen Mühe zum Trotz nicht durchgreifend „besser" werden will. In den Augen der Anderen (man kennt das), der Zeugungsfähigen, Zeugungswilligen, ist der Zölibatär untüchtig, impotent, oft auch einer (wie die Leute munkeln), der „sich drückt"; oder – anders – einer, der, wenn er die Reden anderer Männer hört, sich für „unmännlich" halten muss, für „unmännlich" gehalten wird (zum Mann-sein gehört in allen Kulturen die männlich-sexuelle Aktivität, ´Eroberung` einer Frau, Zeugung von Kindern), für eine Art Kastrat. Selbstbehauptungsversuche in Form defensiver Gegenrede „Ich bin *auch* – oder *trotzdem* – ein Mann" helfen da kaum, weil der konkrete Beweis dafür nicht erbracht werden kann (oder darf). Der Zölibatär fühle sich nicht bloß in seinem Mann-sein, sondern auch in seinem *Mensch*-sein beschnitten. Folge dieses (in den Augen der allermeisten) ´genitalen Defizits` ist zwangsläufig die zunehmende Isolierung des Zölibatärs, seine Entfernung aus der öffentlichen Akzeptanz an den Rand, in die Absonderung, die er als Allein-sein und Einsamkeit (wer bin ich?) wachsend erfährt.

Zudem hält der Begriff „Eunuch" fest, dass es sich bei der von Jesus angesprochenen sexuellen Unfruchtbarkeit „um des Himmelreiches willen" um ein Nicht-*Können* handelt, *nicht* um ein Nicht-Dürfen!

---

(72) Auch Oraison betont die unvermeidliche „frustration fondamentale" des Zölibats (135ff); Berger geht das religiös-menschliche Sinnfeld des „Eunuchen" durch (51ff)

Der Eunuch, der „von Menschen dazu gemacht wird" (sei es durch physische Kastration, sei es durch Heiratsverbot), ist gerade *kein* Eunuch für das Himmelreich!(73) Daher wehrt der Autor ein verbreitetes Missverständnis ab: „Der Zölibat ist eine Lebensform, kein Ideal. Seine eigentliche Absicht ist, einen Menschen in die Nachahmung Jesu zu versetzen, nicht aber, ein Ziel vorzusetzen, das man mit Willenskraft erreichen könne; der Zölibat würde sich dann in eine religiöse Ausbeutung verwandeln".(74)

Die Tatsache, dass der ursprüngliche Zölibatär – nach Art eines Eunuchen – keine Erfüllung finden *kann* in der sexuell-affektiven Gemeinschaft von Mann und Frau, entlasse ihn in eine Einsamkeit, die zutiefst aus der eigenen Sexualität und damit aus der zweigeschlechtlichen Verfassung des Menschen aufsteigt und eine andere emotionale Tiefe hat als das Einsamkeitsgefühl eines Mannes, der diese Erfüllung nicht finden *darf*. Die Einsamkeit, die der eunuchenhafte Zölibat erzeugt, berge ebenso wie die wechselseitige Zusammengehörigkeit von Mann und Frau eine Art Antwort auf die unergründliche Frage – wer bin ich (ganz)? – , die im Geheimnis des *anderen* (weiblichen bzw männlichen Du) aufbricht (130).

(73) Dem kann schwerlich eine kirchliche Gesetzgebung entsprechen, die die Kleriker „verpflichtet" (obligatione tenentur), die „vollkommene und dauerhafte Enthaltsamkeit wegen des Himmelreichs (propter Regnum coelorum) einzuhalten" (CIC Can.277 § 1), die zu Diakonat und Priesterweihe nur jene Kandidaten zulässt, welche die „Zölibatspflicht auf sich genommen haben (obligationem caelibatus assumpserint" (Can. 1037), und die diesen Druck noch verschärft, indem sie Klerikern die kirchlich gültige Eheschließung verweigert (Cann. 194 § 1 Nr.3; 1087). Faktisch hält sich die kirchliche Gesetzgebung – beurteilt man sie von Jesu „Eunuchen"-Wort aus – nur an die physische Auslegung des Wortes, indem sie Kandidaten, denen von Natur aus oder durch Eingriff (Kastration) das (hetero-) sexuelle Vermögen fehlt, die höhere Weihe verweigert (Can. 1041,5; dazu Verbot der Kastration von Papst Sixtus V. 1587). Homosexuell Veranlagte, die man in weiterem Sinne zu den ´natürlichen` Eunuchen rechnen könnte, sollen (seit 2005) bis auf wenige Ausnahmen keine Priesterweihe mehr erhalten.
(74) Fentener, 126f (eigene Übersetzung)

Sinn und Bedeutung der eigenen Existenz, die auf den *anderen* Menschen des *anderen* Geschlechts bezogen sind, werden in der Einsamkeit dunkel und fraglich (137). Es sei zu erwarten, dass alle möglichen Dämonen versuchten, das leere Haus zu besetzen.

Wendet sich der zölibatäre Mann anderen Zölibatären zu, in der Hoffnung, bei Leidensgenossen Verständnis, Entlastung zu finden, wird er häufig an die Mauern stoßen, die diese selber Verwundeten um ihre einsame Intimität gebaut haben. Wie jene auch, ist er weder ein Kind, das sich an den Busen der Mutter kuscheln oder auf die Knie des Vaters heben lassen kann, noch Mutter, die das Kind an ihre Brust drückt, noch Vater, der es auf seinen Knien liebkost und birgt (140). Von ihnen ist er getrennt. Während sich dort Sinn und Bedeutung der eigenen Existenz konkret und lebendig anfühlen, sind sie für den Zölibatär schmerzlich abwesend als offene Frage. Selbst in der Natur findet er das ursprüngliche Geheimnis jedes Menschen wieder:

„Der Himmel ruht auf der Erde. Im düsteren Frieden des Teiches öffnet sich die Brust des Waldes. Und ebenso wie der Mann, in seiner anhaltenden Zärtlichkeit, den Körper der Frau in sich birgt, sind die nackte Erde und nackten Bäume eingeborgen im heiteren und reinen Licht des Morgens. Was mich betrifft, so fühle ich in mir ein Brennen, meine Sehnsucht, mich zu vereinigen mit, mich aufnehmen zu lassen, teilzunehmen an dieser Begegnung. Ein Brennen, das sich vermischt mit der Sehnsucht nach der erdhaften Liebe – doch hingerichtet zur Erde, zum Wasser und zum Himmel, und das erwidert wird vom Geflüster der Bäume, vom Duft der Erde, vom Schmeicheln des Windes, von der Umarmung des Lichts und des Wassers".(75)

---

(75) Fentener zitiert hier (S.143) und öfters das posthum editierte Tagebuch des einstigen UNO-Generalsekretärs Dag Hammerskjörd (dt. Übers. v. Vf)

Hier öffnet sich der Wundschmerz des zölibatären Eunuchen. Doch Hammarskjölds Erfahrungen (von ihm stammt der Text) gingen weiter, erwiesen sich als verwandt mit denen des christlich motivierten Zölibatärs: „Für denjenigen, der" in dieser Einsamkeit „die Berufung zu einer unbekannten Sendung vernommen hat, kann die Einsamkeit Gesetz (loi) werden", wenn er weiß, dass „eine solche Einsamkeit ebenso die Erfahrung einer intimeren Gemeinschaft enthält als jede andere Vereinigung der Körper" (zit. 147). In dieser Erfahrung aber gründet eine Komponente, die nach Fentener nicht weniger wesentlich ist für die Lebenswahl als der Entschluss selbst: „Sobald die Ehe und der Zölibat gewählt werden ohne den geringsten Zwang, ist es nicht nur die persönliche Entscheidung, welche die Treue begründet, sondern eine große Liebe für die gewählte Lebensform. Die volle Liebe für eine Frau ist nicht möglich, wenigstens nicht auf Dauer, wenn sich damit nicht eine echte Liebe zur Ehe verbindet, ein tiefes Vertrauen .. Wer die Lebensform des Einsamen auf sich nimmt, muss ebenso den Zölibat lieben; muss ihm sein volles Vertrauen schenken im Sich-Einrichten in der Einsamkeit" (131).

In Fenteners Darlegungen liegen wichtige Erfahrungen und Einsichten vor. Hammarskjöld, dessen ähnlichem Zeugnis er sich zuwendet, hat persönlich erfahren, dass mitten in die Einsamkeit hinein sich die Berufung zu einer Sendung ereignen *kann*, welche die Einsamkeit zu einem „Gesetz" macht, das alle weiteren Schritte bestimmt und bindet. Offensichtlich aber spricht er von einem Gesetz, das dann *von innen* kommt, nicht von einem, das von außen kommt. Von innen, das heißt, aus der Seele, aus dem Gewissen, letztlich aus der Berufung, wie sie durch das personale Gewissen wahrgenommen und übersetzt wird. Das von innen kommende Gesetz (das nicht kommen muss, aber *kann*) ist jedoch durch ein von außen kommendes Gesetz nicht ersetzbar – meint die Berufung ja diese einmalige, unvertauschbare Person und deren Sendung. Ein von außen kommendes Gesetz kann das von innen kommende Gesetz (das nicht kommen muss!) nicht präjudizieren, kann die Person *nicht* durch deren Gewissen *binden* – das kann nur das von innen kommende Gesetz. Ebenso wenig kann die persönliche Liebe zu der gewählten Lebensform – sei sie die Ehe, sei sie der Zölibat –, welche deren Dauerhaftigkeit (mit-)begründet, introjiziert, der Person sozusagen eingeimpft werden. Liebe als die freieste einem Menschen mögliche Tat kann nur entstehen und wachsen, wo und wenn auch nur der leiseste Wille zum Zwang sich fernhält.

Folgerungen:
Diese feinen und zugleich wesentlichen Zusammenhänge werden vom „Willen" zum Festhalten am Priester-Zölibat, wie ihn das kirchliche Amt gefragt und ungefragt oft bekundet, entweder nicht gesehen oder nicht ernstgenommen. Daher die immer wieder zutage tretende, verlustreiche und skandalträchtige Kluft zwischen dem amtlichen Willen zum Weltpriester-Zölibat (inklusive Sanktionen) und den persönlichen Schicksalen vieler Priester, deren Ganzhingabe an Gott nur in der ausnahmslos *vorgeschriebenen* Form anerkannt oder, im gegenteiligen Fall, aberkannt und ihnen abgesprochen wird (es sei denn, sie seien Priester der Ostkirche oder verheiratete Konvertiten-Priester). Die für den Amtszölibat vorgebrachten Angemessenheitsgründe wirken wie geometrischer Zierat, von Architekten für die Innen- und Außenwände des vielräumigen Hauses der Priestertheologie am Schreibtisch entworfen – primär für das ästhetische Empfinden der Architekten, jedoch ohne gewissenhaft-gründliches Interesse an den Menschen, die das Haus bewohnen, den Priestern, deren Schwund seit Jahrzehnten bekannt ist und katastrophale Ausmaße erreicht.[76]

(76) Für Ivan Illich ist „das Verschwinden des Priesters" soziologisch sogar „ein klarer Beweis für die Belanglosigkeit" des klerikalen Gerüsts und Systems für die Kirche der Zukunft – in: Klarstellungen, 55

Die in immer wieder nachgeschobenen, nur unwesentlich modifizierten Verlautbarungen des Vatikan zum Priesterberuf stets neu aufgelegten Konvenienzgründe für Zölibat und Bestimmungen über Bewusstsein und Lebensführung der Priester wirken zudem unvermeidlich wie ein amtlicher Leistungskatalog. Persönlichkeit und Individualität der Priester sind weithin unerheblich. Worauf es den Autoren ankommt, ist die allgemeine Ideal-Vorstellung vom „Priestertum" und sind Ableitungen daraus für die Schablone des Kandidaten. Er ist oder soll sein – im Idealbild des Amtes – ein numerisch einzelner oder soundsovielter ´Fall` des Allgemeinen (des Priester-Ideals). Natürlich gibt es einige (relativ wenige) allgemeine Grundzüge des Priesterberufs. Doch der Zölibat ist damit, wie offiziell eingeräumt, nur *un*wesentlich verknüpft: wenn Gott ihn gibt, ist er eine individuelle, verletzliche, abenteuerliche, schmerzliche, faszinierende Berufung.

Amtlicherseits verlautet zwar, Weihekandidaten hätten auch die persönliche Berufung zum Zölibat mitzubringen. Tatsächlich aber haben die ausgearbeiteten Angemessenheitsgründe beschwichtigenden Charakter. Sie sagen dem jungen Mann: Frage dich, ob sie dir nicht einleuchten! Es ist kaum denkbar, dass sie dir *nicht* einleuchten. Uns – und vielen anderen – leuchten sie ja auch ein. Und wenn sie dir einleuchten, hast du`s eigentlich schon geschafft! Mit dem Einleuchten dieser Argumente ist auch deine Zölibatsberufung schon gegeben, brauchst du nicht mehr extra auf eine persönliche Berufung zu warten. Wenn du auf uns hörst, kannst du Weg und Zeit sparen!(77)

Unerfahrenen jungen Männern wird so via Angemessenheitsgründe amtlich vorbuchstabiert, welche geistlichen Sinn-Erfahrungen des Zölibates er machen wird und muss: Konfiguration mit Christus, Anteil an der Liebe des „Bräutigams" zu seiner „Braut", zur Kirche, die „der Priester mit seinem zölibatären Einsatz ... zum Ausdruck (bringt)" (Direktorium Nr.58).

---

(77) Vf. kennt Priester, die so oder ähnlich junge Männer für den Priesterberuf animierten.

Motive und Erfahrungen des einzelnen werden also vorweggenommen, m.a.W.: auf die persönlichen Erfahrungen des Charismatikers kommt es hier nicht an; stellen sie sich nicht im Sinne der amtlichen Vorgabe ein oder in davon abweichendem Sinne, verzichtet „die Kirche" auf einen solchen Priester bzw Kandidaten. Wer diese Darstellung als zu scharfes Entweder-Oder empfindet, mache sich einen anderen Satz des Direktoriums klar: „Bevor noch jemand seinen Willen bekundet, dazu bereit zu sein, manifestiert die kirchliche Disziplin den Willen der Kirche", durch „das enge Band zwischen Zölibat und heiliger Weihe ... den Priester mit Jesus Christus, dem Haupt und Bräutigam der Kirche," zu konfigurieren (Dir. ebd). Der Wille „der Kirche" zum Priesterzölibat findet noch forciertere Ausdrücke: der Zölibat sei dem Priesterberuf „mehr als angemessen"! (ein Bischof 2010). Und doch handelt es sich bei dieser Äußerung „um eine rein disziplinäre Angemessenheitsaussage".(78) Die amtlichen Plädoyers und Bekräftigungen kranken seit langem daran, dass der von den Priestern verlangte Zölibat von diesen, aber auch von den Studierenden primär negativ (Ehelosigkeit) und als nicht-eigen = fremd aufgenommen und verstanden wird – Priester heiraten angemessenerweise nicht, weil ihr Meister auch nicht geheiratet hat, weil er seine Existenz „ungeteilt" hingegeben hat usw; das heißt, das Motiv, nicht zu heiraten, kommt nicht aus den Priestern und Anwärtern selbst, sondern wird von außen vorgegeben: von einem Priester-Ideal, zu dem das Unverheiratetsein nicht wesenhaft, aber doch sehr passenderweise gehöre – Zölibat als Anhängsel oder Junktim.

Die sogenannten Angemessenheitsgründe für den Priesterzölibat sind – wie es generell schon Patriarch Sayegh während des letzten Konzils monierte – lauter Gesichtspunkte für „den Nutzen der Kirche", sie haben nichts zu tun mit der persönlichen Vollkommenheit eines Christen, auch wenn er Priester ist oder wird. Man geht (wie gesagt) in „der Kirche", als wäre es selbstverständlich, meistens aus von der Priester-*Idee,* misst

---

(78) W. Beinert, Zölibat: Alles gesagt, aber alle Fragen offen. In: Christ in der Gegenwart 9/2008, 94

die Konvenienzgründe an dieser Idee und findet sie angemessen – der Idee, nicht der individuellen Person. Der Zölibat mag der Idee vom Priester angemessen sein, er muss aber auch dem einzelnen Menschen (Priester, Alumne) angemessen sein, er muss m.a.W. auch für ihn das Seine sein. Als *Person* ist ein Mensch nicht nur beliebiger Fall eines Allgemeinen, sondern übersteigt diese Dimension quasi unendlich durch seinen ureigenen, unvertretbaren Gottesbezug. Auch ein Priester ist und bleibt eine einmalige, von Gott gewollte Persönlichkeit, deren Eigenständigkeit, deren Rechte und Bedürfnisse nicht in einem generischen Berufsideal aufgehen noch damit verrechnet werden können und dürfen. Es ist anthropologisch und theologisch irrig zu meinen, nach der Weihe sei (und dürfe sein) ein Priester nur noch Priester, nichts als Priester, kein Mensch mit eigenem Heilsweg, nur noch mit dem des Priesters, wie „die Kirche" ihn sieht und will. Indem die kirchlichen Leitungsorgane einem heiratswilligen Priester die Amtsvollmacht dauerhaft entziehen bzw einem ähnlich eingestellten Studenten die Weihe verweigern, praktizieren sie die vollständige Unterordnung des einzelnen Menschen unter die allgemeine Idee, unterstellend, der geweihte Priester dürfe nichts sein als ..., ohne Eigenleben, -rechte und -bedürfnisse. Dieselbe Denkart ist wirksam, wenn der geweihte Priester, spät erkennend (persönliche Entwicklungen laufen selten linear), dass ihm das Zölibatscharisma fehlt, verpflichtet wird, es nachträglich von Gott zu erbitten, voraussetzend, Gott folge der Denkweise „der Kirche". Auch wenn die Gewohnheit Mühe hat, dies zu verstehen: es handelt sich hier um eine personwidrige Degradierung des Menschen unter sein Niveau. Es kommt nicht nur darauf an, welche Erwartungen und Vorgaben die kirchliche Hierarchie mit dem Priesterberuf verbindet, sondern auch darauf, welche persönliche Berufung ein Priester bzw Kandidat empfangen hat und – vielleicht – *noch* empfängt.

Die Realität der *persönlichen* Berufung und Existenzwahl aber ist von anderer Art und von großer Bedeutung für die Kirche wie für den einzelnen, mit dem Charisma beschenkten, Menschen.

Versuchen wir, das bis hier Erarbeitete mit weiteren Einsichten der westlichen Moderne zusammenzuführen. Wir sind Zeugen eines Epochenbruchs. Sexuelle Leidenschaft, die Beziehung zwischen Mann und Frau, die Freude an körperlicher Begegnung empfindet man heute – obwohl man sich der Gefahren und der Gründe für das Scheitern von Individuen und Paaren bewusst ist – nicht mehr als Herd der Sündigkeit und der Gottferne. Im Gegenteil, die Wahrnehmung der Anziehungskraft zwischen Menschen verschiedenen Geschlechts *öffnet* junge Menschen in der Regel erstmals ernsthaft für jemand anderen, drängt sie, den Schutzraum ihres Für-sich-selbst-seins zu verlassen und eine ganz elementare Jenseits-Erfahrung (jenseits ihres Ich) zu machen. Mag der Akzent bei einigen zunächst auf dem körperlichen Zu- und Miteinander liegen, ist es doch fortschreitend mehr und tiefer: Zuneigung des Ich zum Du, erwachende Liebe im tröstlich-friedlichen Beieinandersein und Sich-Mögen. Natürlich kombiniert mit dem Wechselspiel von Illusion und Desillusionierung. Aber auch schon baldige Konfrontation mit der Frage: Meinst du es ernst? Verbindlich? Respektierst du mich? Bist du bereit, um meinetwillen auf unernste, bloß lustige Flirts zu verzichten(!)? Kannst du dich da und dort einschränken, mir zu Liebe? Für etwas, das mir oder (du wirst sehen) uns beiden gut tut? Wichtiger als körperliche Intimität (die nicht fehlen darf) wird bald die seelisch-persönliche Intimität. Es stellt sich ein das Glück, ja die Seligkeit des Sichverstehens. Aus Leidenschaft wird (leidenschaftliche) Liebe, aus Sexualität Erotik: Liebe zur tiefen Schönheit des anderen Du. Im Aufeinanderzu-Wachsen wachsen beide lustvoll über sich hinaus und erfahren Transzendenz in der Einheit und Gemeinsamkeit.

Ein erfahrener, menschenfreundlicher Psychologe fasst es so zusammen:

„Liebe ist Sexualität. Doch ist sie noch weit mehr als das: Liebe ist Altruismus, Treue, Fürsorge, Hingabe. Liebe ist, wenn unser Ich weniger wichtig wird. Sie ist das Erweitern von Grenzen ... In der *Sexualität* geschieht dies im Moment des Orgasmus ...

Das Ich löst sich vorübergehend auf, und wir sind eins mit dem Anderen. Die *Erotik*, wenn sie meditativ verstanden wird, kann diese Verbindung mit etwas Größerem bewirken, das außerhalb des Paares liegt".(79)

Ergänzend ein anderer Psychologe zur Geschlechterliebe als „religiöse Sehnsucht":
Diese „richtet sich heute vor allem auf die erotische Beziehung – und überfordert sie. Damit will ich nicht bestreiten, dass in der Geschlechterliebe nicht auch eine religiöse Dimension berührt wird. Im Gegenteil, für die große Mehrzahl der Menschen heute ist sie vielleicht der einzige Ort, an dem sie Entgrenzung und Transzendenz konkret erleben. Doch wird diese Erfahrung nur dann nicht missdeutet, wenn sie sich der Endlichkeit des einzelnen Liebesaktes, seiner Symbolhaftigkeit und Gleichnishaftigkeit bewusst bleibt".(80)

Diese Sicht enthält wesentliche Hinweise darauf, warum die Ehe ein Sakrament, ein heiliges Heilsmittel Gottes für die Menschen sein will. Bereits die Erschaffung des Menschen als Mann *und* Frau – hierin „Abbild Gottes" – wird, zusammen mit dem Auftrag zu Fruchtbarkeit und Vermehrung, vom Schöpfer als „sehr gut" erklärt (Gen 1,27f.31). Sexuell liebende Leidenschaft, die zu wechselseitiger Liebe und Treue reift, ist groß, ist schön.
Für die Propheten des Alten Bundes ist sie so groß, dass sie als Erfahrungsort für das Verhältnis JHWH-Israel taugt, für die Rede von der „qin^{e}ah", der leidenschaftlichen, zornig-enttäuschten und sich wieder erbarmenden Liebe Gottes und für seinen Schmerz wegen der Untreue dieser jungen Frau.

(79) Zitat von Dirk Revenstorf aus: Christ in der Gegenwart 62 (2010), 324
(80) H. Jellouschek, zitiert bei Grün, 83f

Aus der im Erbarmen wiedergefundenen Liebe heraus spricht Gott zu Israel: „Ich werde mich mit dir verloben auf ewig" (Hos 2,21; Jer 2,2; 31,3f; Ez 23,4; Joh 3,29; Eph 5,25.29ff; Apk 21,9). In ihrer Unmittelbarkeit unvergleichlich sind die Bilder des Hohenliedes.(81)

Küsse
küsse mich, du roter Mund.
Liebe, berausche mich
mit deinem Wein (1,2)
So wie das Myrrhenbüschel
zwischen meinen Brüsten liegt,
so schmiegte sich mein Freund
an meinen Busen.
Er machte mich trunken
wie der Wein ... (1,13f)
Auf einmal sehe ich,
den mein Herz liebt.
Ich fasse ihn
und lass` ihn nie mehr los (3,4)
Schön bist du,
meine Freundin!
Wie leuchten
deine Taubenaugen
unter dem Schleier hervor!
Deine Haare wallen herab
wie eine Ziegenherde
über den Berg Gilead.
Und deine Zähne schimmern
wie eine Schar silberweißer Schafe ...
Rot strahlen deine Lippen
und zierlich ist dein Mund ...
Deine Brüste sind so zart
wie Gazellenzwillinge,

(81) Dt. Text nach der sprachl. Neufassung von Mgr. J. Kunstmann, Das Hohelied (Olten-Freiburg/Br. ^{4}1979)

die weiden unter Lilien ... (4,1-5)
Seht ihr meinen Freund,
so saget ihm:
Ich bin krank -
so krank vor Liebe.
Mein Freund ist weiß,
mein Freund ist rot ...
Sein Antlitz schimmert
wie reines Gold.
Rabenschwarz
spiegelt sein Kranzhaar ...
Die Lippen locken
wie scharlachfarbene Lilien ...
Sein Leib steht
wie ein Bildwerk ...
Die Schenkel wuchten
gleich Marmorsäulen ...
mir schwinden die Sinne
vor lauter Entzücken ... (5,8. 10-16)
Wie schwingen deine Schritte,
fürstliche Frau,
wie wölbt sich die Hüfte
gleich einem Schildschmuck,
dein Schoß tut sich auf
als ein wohlgeschaffenes Becken,
harrend des köstlichen Tranks.
Wie ein Weizenfeld auf dem Hügel,
so wiegt sich dein Leib,
von Lilien umsäumt.
Deine Brüste hüpfen auf
gleich Zicklein einer Gazelle ...
deine Augen leuchten tief
wie die Seen Hesebons ...
Dein Wuchs gleicht einer Palme,
deine Brüste sind prall
wie die Trauben der Datteln.
Sehnsucht ergreift mich,

die Palme zu ersteigen,
zu greifen die Brüste,
zu kosten am Busen
den köstlichen Wein ... (7,2-10)
Stark wie der Tod ist die Liebe
und ihr Eifer furchtbar
wie die Hölle,
sie brennt wie Feuer,
ja wie die Blitze des Allerhöchsten.
Wenn Wasser alles überschwemmen -
die Liebe löschen sie nicht aus (8,6f)

Dieses „Lied der Lieder" besingt die Liebe zwischen Mann und Frau, aber auch – allegorisch – die Liebe zwischen Gott und seiner geliebten „Jungfrau" Israel, bzw die Liebe zwischen Christus und der Kirche, diese jedoch in den Bildern der körperlich-seelischen Sehnsucht und Liebe zwischen zwei Menschen.
So auch in der letzten sexuellen Allegorie der Bibel von der am Himmel erscheinenden, hochschwangeren Frau, bekleidet mit der Sonne, umgeben von zwölf Sternen, schreiend in Geburtsschmerzen, bis sie einen Sohn gebiert, dem der Drache nichts anhaben kann (JohApk 12, 1-5). Das „Zeichen" lässt sich auf Maria deuten, aber nur, weil im Hintergrund wieder das Verhältnis JHWH – Israel bzw neue Heilsgemeinde steht. Auch hier ist die Ehe und ihre Fruchtbarkeit das natürliche Sinnbild für das Verhältnis Gott (Bräutigam) – Menschheit (Kirche = Braut).

Christliche Mystiker haben dieses Bild von Gott als Bräutigam und seiner menschlichen Braut übernommen – Braut als Bild für die gereinigte Seele – , sprechen vom liebevollen Innewerden Gottes, vom Hineinsinken in Ihn, das jede Erkenntnis übersteige.

So besingt zB Johannes vom Kreuz die zarte und tiefe Begegnung der Seele mit Gott:

O Nacht, die den Geliebten
mit der Geliebten vereinte,
die Geliebte in den Geliebten wandelte.
An meiner blühenden Brust,
die für ihn sich ganz bewahrte,
dort schlief er ein,
und ich schenkte mich ihm ...
...
So blieb ich und vergaß mich selbst,
neigte das Antlitz über den Geliebten.
Alles erlosch, ich gab mich auf ...

Doppelsinnig sagt eines der Gedichte:

Vom göttlichen Wort
schwanger die Magd (la Virgen preñada)
kommt des Wegs:
Gebt ihr doch Herberge!(82)

Zwar warnt Johannes in seinen Erläuterungen ausgiebig vor einem Verkosten der Gotteserfahrung, in das sich ungeläuterte Elemente einer „zuchtlosen Sinnlichkeit" mischen. Das für uns Entscheidende ist jedoch, dass das positive Wesen der liebenden, körperliche Intimität einschließenden Begegnung zwischen Mann und Frau sich als unentbehrliche und treffende Analogie für die liebende Begegnung zwischen Gott und Mensch erweist. Denn die Anwender solcher Bilder verstanden etwas von Erotik (Grün, 49f). Betont doch der johanneische Jesus als „Hirt" der „Schafe", er sei gekommen, damit sie das

---

(82) Johannes vom Kreuz, 19f. 253

„Leben" (zoê) haben und „Überfluss" (perissón) davon (Joh 10,10), das kurz darauf als „ewig" (aiônios, v 28) bezeichnet wird; biblisch (nicht platonisch) gedacht heißt das, dieses Leben sei „nicht endend".
Nicht zufällig ist es Nietzsche, der mit dem Tanzlied des Lebens (Zarathustra) einen weiteren Gedankenschritt anregt:

Lust – tiefer noch als Herzeleid!
Weh spricht: Vergeh!
Doch alle Lust will Ewigkeit –
will tiefe, tiefe Ewigkeit!

Dieses „nach der Ewigkeit brünstig sein" (Nietzsche) bleibt erhalten und vertieft sich, wenn die sexuelle Lust zur Lust der Liebe wird, der Liebe zum anderen Menschen. Was sich hier erfahren lässt, sagt das bekannte Wort von Gabriel Marcel: „Einen Menschen lieben heißt, zu ihm sagen: Du wirst nicht sterben!"

Jede(r) Liebende kennt das: meine Liebe sagt das – als ob sie ganz unten eine zarte Ahnung in sich trüge, dass die/der Geliebte nicht sterben wird. Als würde sie insgeheim an ein größeres Geheimnis rühren. In den – häufigeren – Augenblicken der Verstandesklarheit sagt sie aber ´nur`: Ich will nicht, dass du stirbst! Ich werde alles dafür tun, dass ... damit nicht ... Unsere Liebe, unser Einssein muss auf immer Bestand haben!

Für die Liebe ist der Tod kein Thema. Für die Ehe aber ist der Tod ein Thema („bis der Tod uns scheidet"). Das bedeutet: In Intensiv-Momenten der Liebe, ihren Hoch-Zeiten ist die Zeit fern (Liebe „dauert nicht"). Doch meldet sich die Zeit zurück in Momenten von Erschlaffung, Ermüdung, der Rückkehr von Sorgen, von Lebensfragen und – in Kindern.

Die sexuelle Liebe, die Kinder zeugt und schließlich „zur Welt bringt", ist in diesem Aspekt – längst vor gefühlten Alterungsprozessen – der massive Einbruch der Zeit und Geschichte in die Liebe des Paares, das halb tröstend, halb resignierend die Hoffnung äußert, „in den Kindern weiter zu leben". Trotz zahlreicher Rückfälle in den Ermüdungsprozess der Zeit gelingt es vielen Paaren, ihre Liebe nicht nur zu erhalten, sondern sie immer mehr in eine zeitunabhängige Zuneigung und Treue zu verwandeln, die in Phasen von Unlust, Krankheiten, vorübergehenden Trennungen zwar sexuelle Enthaltsamkeit verlangen, jedoch keine Enthaltung von Liebe – im Gegenteil verlangen sie die Realisierung des überräumlichen und überzeitlichen Anteils der Liebe, die den körperlich entzogenen Partner „im Herzen trägt".

Noch deutlicher kommt das Gemeinte zum Vorschein bei Menschen (oft Frauen), die, den Partner früh verlierend (durch vorzeitigen Tod oder zB Vermissen in Kriegszeiten), nicht (mehr) heiraten, so bezeugend: meine Liebe zu ihm / ihr geht über den Tod hinaus, der Tod kann sie nicht brechen, sie ist ´ewig`. Ähnliches zeigt sich oft bei Witwen und Witwern. Die Liebe besteht weiter in einer anderen Dimension, als es die körperlich-sexuelle Ebene ist. Man kann den Unterschied so ausdrücken: die erste Form der Liebe war eher sexuell, die Spätform ist „sexuée",(83) transzendiert noch die anatomische Differenz. Rückblickend auf die sexuelle Paarung stellen beide fest: sie hat, wie die erste Raketenstufe, ihren Zweck erfüllt; körperliche Intimität ist zwar noch da (wenn beide noch beieinander leben), hat aber weithin eine andere

---

(83) Oraison unterscheidet die sexuelle Ausdrucksform der Liebe von deren „expression sexuée"; dieser anatomische Begriff will hier sagen, dass in der gereiften Liebe die Begegnung der Partner, wo sie nicht (mehr) sexuell ist, dennoch die Dualität von Mann und Frau behält: Le célibat, 122

Form und Bedeutung angenommen (wie viele ältere Ehepaare bekunden). Das selbstverständlich gewordene Miteinander, Aufeinander-eingehen, Einander-Stützen ist viel wichtiger geworden.

Nun sagt uns das biblische Zeugnis:

Die Liebe ist aus Gott,
und jeder Liebende ist aus Gott geboren
und (er-) kennt Gott (1Joh 4,7)
Gott ist die Liebe,
und wer in der Liebe bleibt, bleibt in Gott
und Gott bleibt in ihm (1Joh 4,16b)

Nicht wenige Theologen kommentieren das, indem sie betonen, Gottes Liebe sei etwas ganz anderes als menschliche Liebe, erst recht als körperliche Liebe. Auch Marc Oraison betont, wenn Gott sich als die Liebe offenbare, offenbare er sich als „unendlich jenseits des Sexus" (aaO 127). Man kann eine solche Äußerung korrekt verstehen. Vielfach wird sie jedoch so verstanden, dass die Liebe Gottes und die geschlechtliche Liebe nichts miteinander zu tun hätten, so als handle es sich um eine Äquivokation, als sei nur das Wort identisch, nicht der Sachverhalt.(84)

Die Bibel lehrt uns, wie gesehen, anders denken: die zwischenmenschlich-geschlechtliche Liebe dient als Ausgangspunkt zum Verständnis der Gottesliebe. Die Bibel verfährt sogar drastisch, um Leidenschaft, aber auch Eifersucht des göttlichen Liebhabers, die Seligkeit der Braut, aber auch deren Untreue anschaulich zu machen –

---

(84) Vielleicht ist die Tatsache, dass Papst Benedikt XVI. im Rundschreiben DEUS CARITAS EST (2005), I. Teil, Unterschied wie auch Aufeinanderbezogensein von Menschenliebe (Eros) und Gottesliebe (Agape, Caritas) betont, geeignet, mit der Zeit einen Wandel in der kirchlichen Sicht auf geschlechtliche Liebe anzustoßen. Thomas von Aquin sieht, dass die Liebe Christi zur Kirche nur durch zwei sichtbare Zeichen – Ehe und Jungfräulichkeit – annähernd darstellbar ist: Häring, 515f

man denke an das Hohe Lied oder, umgekehrt, Gottes Auftrag an den Propheten, mit einer Hure Kinder zu zeugen, als Zeugnis gegen Israel (Hos 1,2-9).

Diese anschaulich-direkte Analogie zwischen Gottesliebe und Menschenliebe besteht, obwohl es in ihr eine (menschlich gesprochen) unüberwindliche Kluft gibt, die in den voraufgehenden Erörterungen schon anklang und durch die jene Äußerung „unendlich jenseits des Sexus" eine nüchterne Bedeutung erhält: Gottes Liebe ist in der Tat *un-endlich*, sie hat kein natürliches Ende wie sexuelle Liebe, weil der Tod die Verheirateten scheidet und sie selbst beendet. Davon ist an einer denkwürdigen Stelle der synoptischen Evangelien die Rede: bei Jesu Antwort auf die Fangfrage der Sadduzäer, die von ihm wissen wollen, welchem von sieben Brüdern, die nacheinander eine – wie sich herausstellt – unfruchtbare Frau geehelicht haben, sie bei der Auferstehung zufallen würde. Jesus entkräftet die Frage damit, dass er daran erinnert (was jüdische Schriften im Anschluss an Dan 12,3 sagen), dass die „Kinder dieser Weltzeit", die an der Auferstehung der Toten teilhaben, nicht mehr heiraten, da sie nämlich „auch nicht mehr sterben werden" (Lk 20,36); damit entfällt der Bedarf, Kinder zu zeugen (jedenfalls soweit Kinder die den Tod der Eltern überlebende Liebes- und Leibes-Frucht bedeuten). Nur die „Kinder dieser Weltzeit heiraten" (v 34). Das kennzeichnet die Ehe als Einrichtung dieser Welt mit ihrer Vergänglichkeit.[85]

Die Ehe, aber nicht die Liebe; die sexuelle Verbindung, nicht die Gemeinschaft unterliegt dem Tod; Liebe und Gemeinschaft empfangen vielmehr eine (schon hier beginnende) transsexuelle Wirklichkeit.

---

[85] Schneider, 406, Oraison, 129ff. Für Platon ist Zeugung u. Geburt von leiblichen Kindern etwas „Unsterbliches", „Göttliches" in Menschen und zeigt, dass Liebe (Eros) Unsterblichkeit erstrebt (Symp. 206cd)

Daher konnte die Psychologin Christa Meves vor Jahren einer in ihrer Gemeinde engagierten Frau, die sich in ihren „begnadeten" Pfarrer verliebt hatte, den Rat geben, bei allem Respekt für dessen ehelosen Stand zu ihrer Liebe zu stehen; denn „die so tief aufwühlende Liebe der Frau zum Priester ... enthält bei den frommen ... Katholikinnen oft etwas von der drängenden Sehnsucht nach Annäherung, ja nach einer endgültigen Vereinigung mit Gott selbst! Eine Liebe dieser Art darf so leibhaftig fühlen, wie das Hohe Lied es singt, und ist doch nicht Sünde, sondern vermittelnde Zwischenstation auf dem Weg zu Gott".(86)

Das ist auch die Dimension, welche die Geburt Jesu aus der Jungfrau Maria in der Kraft Gottes und seiner Liebe (des Gottesgeistes) andeuten will.

Was folgt hieraus für unser Thema? Der/Die Ehelose aus Berufung kann nicht jemand sein, der die Ehe als etwas Negatives wertet, die eigene Unabhängigkeit und Freiheit der „Fessel" der Ehe vorzieht oder sich über sie erhaben fühlt. Solche Motive mögen hie und da individuell verständlich sein, jedoch begründen sie keine Ehelosigkeit „um des Himmelreiches willen". Vielmehr muss der/die Ehelose „um des Himmelreiches willen" Liebhaber(in) der Ehe sein, jemand, der gern heiraten würde, weil er / sie ein liebendes Herz hat. So jemand ist gleichsam auf dem ´Sprung` in die Ehe, es muss ihn oder sie drängen, sich liebend einem anderen, geliebten Menschen zu verschenken. Er oder sie fühlt sich berufen oder weiß sich gesendet, den Schatz der selbst empfangenen Liebe und Liebesfähigkeit weiterzugeben. Dann kann es geschehen, dass dieser Mensch sich beim Schritt in die Ehe unversehens gehemmt fühlt, weil sein denkendes Herz sich in den Möglichkeiten der Ehe nicht *vollkommen* wiederfindet, sondern sich über sie hinaus ins Weite sehnt,

(86) Unter dem Titel „Eine besondere Versuchung" in Zeitschr. „Theologisches" publiziert; Datum nicht mehr ermittelbar

das heißt zunächst, über einen einzelnen, geliebten Menschen hinaus. Mit anderen Worten: eine glaubwürdige Berufung zu Ehelosigkeit muss eine Berufung zur Ehe sein, und mit dieser Berufung zur Ehe verbindet sich ein Ruf, deren – der Ehe – Kostbarstes, die liebende Ganzhingabe, über deren Grenzen hinaus (tendenziell so auch über den Tod hinaus) zu tragen, im ´Gehorsam` gegen den Gott, der „die Liebe" ist (und deren letztgültiger Ausdruck „der Sohn"). Zölibat kann so nur eine persönliche Berufung aus Liebe zu Liebe, zum Lieben sein. Der liebende ehelose Mensch ist, von seiner Wurzel her gesehen, ein begnadeter Freund der Ehe, nicht deren Feind.

Das müsste auch für zölibatär lebende Priester und Priester-Anwärter gelten. Bei ihnen ist ebenfalls davon auszugehen, dass sie (nahezu alle) auf die Ehe angelegt sind, heiraten wollen und heiraten würden (wie ja die Praxis der frühen Kirche und die bis heute geltende Ordnung der Ostkirche bezeugt); und doch wird es unter ihnen immer auch einige „Eunuchen" geben ....

In christlicher Sicht bedeutet die „Ehe mehr, als sie in sich und aus sich selbst ist: Sie weist auf die eine Lebensgemeinschaft Christi mit seiner Kirche hin. Aber dieser *tiefste* Sinn kann auch unmittelbar verwirklicht werden: in der Jungfräulichkeit. Ehe und Zölibat sind .. . zwei komplementäre Verwirklichungen ein und desselben Heilsgeheimnisses".(87)

Das Gesagte muss analog auch für Familie und Kinderzeugung Geltung haben. Schon Jesus, seinen Angehörigen anscheinend entfremdet, sah seine neue Familie in denen, „die Gottes Willen tun" (Mk 3,35 Par). Seinen Jüngern legte er einen ähnlichen Weg nahe: Wer Vater, Mutter, Sohn oder Tochter mehr liebe als ihn, sei seiner nicht wert (Mt 10,37). Lukas, der ein ähnliches Wort zitiert, fügt zwischen Vater und Mutter und „Kinder" noch

(87) Schillebeeckx (1967), 47 (im Anschluss an Thomas von Aquin)

ein „seine Frau" (14,26), ein Wort, das offenbar in beiden Versionen – mit oder ohne „(Ehe-) Frau" – kursierte und wohl unterschiedliche Realisationsformen spiegelt.

Darauf spielt augenscheinlich Paulus an, wenn er sich auf das „Recht" der Apostel beruft, „eine Schwester als Ehefrau mit uns zu führen wie die anderen Apostel und die Brüder des Herrn und Kephas" (1Kor 9,5 – aus der Stelle wird nicht deutlich, ob Paulus ledig war, ob er sich von seiner Frau getrennt oder sie auf seinen Reisen bloß zurück gelassen hatte). Entscheidend ist hier etwas anderes. Ein weiteres Wort desselben Apostels bezeugt seine Vaterschaft in einem geistig-geistlichen Sinn: die Christen der von ihm gegründeten Korinther Gemeinde spricht er als „meine geliebten Kinder" an, denn er habe „euch in Christus Jesus durch das Evangelium gezeugt" (1Kor 4,14f). Die Stelle ist deswegen bedeutsam, weil sie erkennen lässt, dass ein zentrales Element ehelicher Partnerschaft, die Fruchtbarkeit oder Kinderzeugung, dem Zölibatär nicht verloren geht (nicht verloren gehen soll), dass die Zeugungskraft seiner Liebe erhalten bleibt und in der geistig-geistlichen Zeugung von Kindern zum Ausdruck kommt und kommen soll. Mit Hilfe des Pneuma zeugt der „um des Himmelreiches willen" Ehelose seine Kinder – mit Hilfe des Pneuma, zu dem in der orthodoxen Tradition die Frau eine innigere Beziehung hat (als der Mann), was sie im Geheimnis der Mutterschaft Marias angedeutet sieht. Der von Paulus angezeigte Sachverhalt enthüllt keine gänzlich neue Erkenntnis, sondern nimmt eine Einsicht auf, die sich schon in der vorchristlichen Antike gebildet hatte: von der – zumal Dichtern, Künstlern, Philosophen geschenkten – Kinder-Zeugung (tókos) durch Liebe zum Schönen und im Schönen, gemäß Diotimas Rede bei Platon (Symposion 206b- 209e).

Bei Platon sind die seelisch gezeugten Kinder allerdings Gedanken, Einsichten, Tugenden, keine Menschen (zB Jünger, Schüler).

Was im folgenden Zitat vom Mann gesagt wird, gilt (mutatis mutandis) auch von der Frau:

Selten versteht er, dass das Mal seiner Geschlechtlichkeit an seinem Leib ein Mahnmal der Enteignung ist: du bist da, um jenseits deiner selbst fruchtbar zu werden, in einer Hingabe, die erst offenbar macht, was du eigentlich kannst: zeugen, in der Freiheit und Kraft deines Schöpfers (von Balthasar, 136).

Es gibt zudem nicht wenige Ehepaare von Christen (und anderen), die auf einmal entdecken, dass ihre gemeinsame Liebe über ihr Privatum hinausdrängt, etwa zur Initiierung oder Übernahme eines gemeinsamen Projektes sozialer oder anderer Natur. Wenn es dazu kommt, ist auch solch ein gemeinsam entdecktes oder übernommenes Projekt ein Teil der ehelichen Fruchtbarkeit, der Geburt eines (weiteren) Kindes vergleichbar. Ähnlich könnten und würden etliche Priester-Ehen entdecken, dass in ihrer Ehe die (Liebes-)Kraft lebt, sich einer Gemeinde, (kleinen) Seelsorgseinheit oder einer anderen pastoralen Aufgabe zu widmen. Sollte bei diesem oder jenem Priester das Charisma der Ehelosigkeit hinzukommen, würde sich ihm (und anderen) zeigen, dass ihm eine Liebeskraft ganz eigener Art gegeben wurde, die an sich die Ehe will, sich aber in einer Ehe nicht erschöpfend, universal genug ausdrücken kann und daher – im Vorgriff auf die Auferstehung – schon hier und jetzt eine Form annimmt, welche ihrer sexuellen Gestalt entbehren kann. Nimmt man die Schöpfungsordnung ernst, kann es für die Heilsordnung keine Existenzform *neben* der Ehe geben, die ebenso gut möglich und gottgewollt wäre, sondern nur eine Berufung von Gott, der „die Liebe" ist, zur Liebe: in die Ehe, gegebenenfalls durch sie hindurch über sie hinaus, jedoch immer bezogen auf die Ehe als Normalform, wie das ja auch der deutsche Wortgebrauch *Ehe*-losigkeit festhält.

Verwandt ist die Feststellung, zu Gott komme der Ehelose „nicht an seiner Sexualität vorbei, sondern durch sie hindurch" (Grün, 20).

In vergleichbarem Sinne ist es auch umgekehrt quasi selbstverständlich, dass Ehewillige und Eheleute einen Anteil Ehe*losigkeit* in sich tragen, obgleich sie sich dessen meist nicht bewusst sind. Fürsorgliche Achtung voreinander nötigt sie, wie erwähnt, nicht selten zu Phasen enthaltsamer Liebe zueinander, und die Fruchtbarkeit ihrer Liebe weitet fast zwangsläufig deren Horizont: Kinder ziehen die emotionale Aufmerksamkeit und Zuneigung der Eltern auf sich. Erfahrungsgemäß verändert dies emotional auch das Zueinander der Eltern.

Auch treten die Familienangehörigen beider Seiten in die eheliche Liebe der ursprünglich zwei Verliebten mit ein, werden gleichsam mitgeheiratet. Ins Bild kommen weitere Personen, auf unterschiedliche Weise erst nur mit einem der beiden verbunden. So eignet auch der ehelichen Liebe eine (nicht-sexuelle) Tendenz und Weitung ins Universale, unter Umständen gar durch Übernahme einer überehelichen Aufgabe.

Ehe und Ehelosigkeit sind also durch die Liebe näher verwandt, als es den Anschein haben mag. Grundlegend sind sie alle, Verheiratete und Ehelose, von Gott zur Liebe gebildet und berufen. Der liebende Gott fordert die Geliebten auf, Ihn mit ganzem Herzen, mit aller Seelen- und Gemüts-Kraft zu lieben (Dtn 6,5; Mk 12,30.33).

Indem er dieser Aufforderung antwortet, erkennt der Geliebte, auf welchem Weg – in der Ehe oder in der Ehelosigkeit – er Gott voller, besser lieben kann; der

Komparativ voller/besser ist dabei weder quantitativ noch qualitativ auf andere Menschen bezogen, sondern allein auf die individuellen Möglichkeiten und Gaben des Liebenden: „besser" auf diesem oder auf dem anderen Weg.
Unser Augenmerk liegt freilich auf der Berufung zur Ehelosigkeit.

Die grundsätzlichen Aussagen können durch konkrete Beispiele – Lebenswege aus Berufung – anschaulich gemacht und vertieft werden:

8. Liebe als berufende Kraft

Der aus dem Rahmen tretende Weg eines einzelnen, auch einer Gruppe, kann in der Rückschau einsichtig und folgerichtig erscheinen. Man denke etwa an das langsam sich klärende Charisma des Schweizer Pastors *Roger Schutz*. Für den jungen Mann schon hatte das Herz Vorrang vor dem Kopf. Denn Jesus Christus faszinierte ihn mehr und mehr: „Seine Barmherzigkeit, seine Fähigkeit zu lieben und zu verstehen".
In diesem Zusammenhang fragte er sich eines Tages, weshalb Menschen, auch Christen, sich so häufig verurteilen und bekämpfen. Ob es nicht einen Weg gebe, der dahin führt, alles vom anderen zu verstehen? Blitzartig fand er die Antwort, die ihn sein Leben lang begleitet: „Ich sagte mir: Wenn es diesen Weg gibt, beginne bei dir selber und engagiere dich selbst; du selbst, um alles von jedem Menschen zu verstehen. An diesem Tag hatte ich die Gewissheit, dass dieser Entschluss endgültig sei und bis zum Tod gelten würde". Klar war ihm aber, dass er diesen Weg auf Dauer nicht allein gehen konnte. Als er – es war Krieg – für die künftige Gemeinschaft Gleichgesinnter ein Haus suchte und nach mehreren Anläufen eines in dem ärmlichen Dorf Taizé fand, beendete eine alte Frau sein Zögern: „Kaufen Sie das Haus und bleiben Sie hier! Wir sind so allein". Für Roger galt eindeutig: „Christus spricht durch die Armen, und es ist gut, auf sie zu hören".
Dies war die Basis für eine zunächst kleine mönchische Gemeinschaft (erstmalig seit der Reformation), die ein lebendiges „Gleichnis" sein und leben wollte, um „unter den Teig der gespaltenen Kirchen ein Ferment der Gemeinschaft (zu) mengen". Die Kernfrage an jedes neue Mitglied der Communauté lautet bis heute: „Willst du aus Liebe zu Christus dich ihm hingeben mit allem, was du hast?"(88)
Roger begründet diesen alles entscheidenden Anfang mehrfach. Sein Selbstzeugnis ist demütig: „Wir ahnen in Taizé, dass das

(88) Feldmann, 20-38

Engagement zur Keuschheit der Ehelosigkeit mit dem kontemplativen Warten auf Gott in enger Beziehung steht".(89)

Da die Brüder „keinerlei Verpflichtung in diese Richtung gedrängt hat", sähen (vor allem auf katholischer Seite) andere „im gemeinsamen Leben oder im Priestertum" Engagierte „in unserer Existenz in Taizé eine Bestätigung für den Ruf zur Keuschheit", sofern sie sich ergebe „besonders aus diesem gemeinsamen Schritt, den geheimnisvollen Aufruf Christi wahrzumachen" (116f). Die „chasteté" (Keuschheit) eröffne den Brüdern eine ungeahnte ökumenische Dimension: „Sie lässt uns Menschen sein, die sich so sehr nach der Hoffnung Gottes ausstrecken, dass sie nichts für sich selbst behalten möchten. Hier wird ein Sich-Öffnen für das Universale eingeübt ... Gott öffnet dem, der keine Familie nach dem Fleisch hat, Herz und Verstand, auf dass er jede menschliche und geistliche Familie lieben kann ... Er wird dann auch fähig, sich in jede menschliche Lage hineinzuversetzen ..., eine verborgene Gegenwart Christi bei Menschen, die nicht glauben können, zu sein" (117f). Die Brüder hätten diese Entdeckung in Taizé gemacht. Doch könne man nicht oft genug wiederholen, dass die Ehelosigkeit die (christlich verstandene) Ehe nicht ab-, sondern aufwerte: „In der Gemeinschaft der Ehe sind im verkleinerten Maßstab so viele kirchliche Lebenswerte enthalten!

Manche Kirchenväter haben sie die ´kleine Kirche Gottes` genannt. Auch diejenigen, die Tag für Tag kämpfen, um in unauflöslicher Einheit treu zu bleiben, vermitteln ökumenisches Leben" (118). Es gebe jedoch eine tiefe Gemeinsamkeit zwischen Ehelosigkeit und Ehe: jeder Mensch suche tiefste Intimität mit einem anderen Menschen zur Überwindung seiner Einsamkeit. Auch Ehepartner stießen auf Grenzen ihrer intimen Einheit, jenseits derer sich die Einsamkeit jedes Menschen zeige. Diese fundamentale Einsamkeit öffne jedoch, wird sie angenommen, die oder den einzelne(n) „für die Intimität mit dem Einen", der aus der Einsamkeit des In-sich-selbst-Verschlossenseins „reißt", sie mit Sich erfüllt und diese so „zur

---

(89) Schutz, Dynamik 115

Stütze eines Glaubens" macht, „der Berge versetzen kann" (119f).

Diese Zeilen lassen erkennen: Am Anfang der Communauté de Taizé stand ein ganz individueller, persönlicher Anruf an den jungen Roger, und es bedurfte eines mehr als zehnjährigen Tastens und Probierens, bis er (mit den wenigen hinzukommenden Brüdern) sich davon überzeugte, dass es sich für ihn und sie um einen „vorläufig" gangbaren Weg handelte. Das so viele Besucher überzeugende Zeugnis von Taizé hängt daran, dass damals wie heute zu spüren ist, dass hinter ihm „keinerlei Verpflichtung" steht, dass Roger und jeder Bruder vorab für sich selbst zeugt und die Gemeinschaft selber ein einmaliges Zeugnis darstellt für eine nur an Gott gebundene Freiheit von jeder Verpflichtung. Zeichen für das Abenteuer, das ein Ruf Gottes für einige Menschen bedeuten kann, die den Mut fassen, sich ihrer tiefsten Einsamkeit zu stellen und sie als Pforte für ein das ganze Leben kostendes Kommen Gottes offen zu halten, das eine urpersönliche, nicht übertragbare Berufung mit sich bringt. Weder in der früheren Regel noch in den „Quellen" von Taizé taucht das Eunuchen-Wort (Matthäus-Evangelium) auf. Der bewusste Akzent liegt weniger auf der Eschatologie als auf dem „Heute Gottes". So wird beim Thema Célibat / Ehelosigkeit zwar eingangs auf das Paulus-Wort vom ungeteilten Gottes-Dienst angespielt, jedoch gleichlautend in der früheren wie in der späteren Fassung erklärt: „Wenn der Zölibat eine größere Verfügbarkeit mit sich bringt, für die Sache Gottes zu sorgen (1Kor 7,32), kann man ihn nur eingehen, um sich noch mehr dem Nächsten hinzugeben, mit der Liebe Christi selbst. Unser Zölibat bedeutet weder Gleichgültigkeit noch Unterdrückung menschlicher Zuneigung, sondern ruft nach Verwandlung unserer natürlichen Liebe". Großer Wert wird deshalb darauf gelegt, dass die Brüder die Lauterkeit des Herzens anstreben und erlernen, wobei sie sich daran erinnern, dass das Kreuz der abgründigste Ort der Liebe ist.[90]

---

[90] The Rule of Taizé in French and in English (Taizé 1967); vgl. Die Quellen von Taizé !

Es ist wesentlich zu sehen, dass der Zölibat in Taizé direkt und ausdrücklich mit der größtmöglichen Liebe zum jeweils Nächsten begründet wird, gemäß dem oben genannten Ausgangs-Erlebnis des jungen Roger selbst. Damit ist – vergleicht man diese Begründung mit der für den Priester-Zölibat (Direktorium) – eine sehr andere (vielen Besuchern sehr willkommene) Sichtweise eröffnet, die nichts mit der Angemessenheit des Zölibats für das (sakramental gefeierte) Selbst-Opfer Christi noch mit der geforderten Konfiguration der Priester mit dessen Liebe zur Kirche als seiner „Braut" zu tun hat.-

Ein Zeugnis, wie es etwa die deutsche Lepra-Ärztin *Ruth Pfau* gegeben hat und gibt, wird erfahrungsgemäß auch von Skeptikern respektiert.
Sie berichtet, wie sie, aus dem kommunistischen Osten kommend, ohne Glaube aufgewachsen, als Studentin sich mehrmals verliebte, u.a. in einen evangelischen Theologiestudenten. Nüchtern und ohne Selbstbezichtigung erzählt sie: „Wir durchlebten und durchliebten ein glückhaftes Sommersemester ... In ihn hatte ich mich unsterblich verliebt. An dieser Liebe habe ich wirklich gelitten ... Für ihn bin ich die einzige Frau, mit der es nicht in der Katastrophe geendet hat. Und er hat mir sehr geholfen, meine eigentliche Berufung zu entdecken. Er hat mich aufgeweckt zu dem, was Liebe heißt. Seine Zärtlichkeit, auf dem Boden schmerzhafter Enttäuschungen, war unerwartet behutsam. Er lehrte mich, dass man sein Ich nur in der Zuwendung zum Du finden könne. Das ist für mich die ganz zentrale Wahrheit geblieben". In der Folgezeit näherte sich Ruth Pfau dem Christentum, wurde erst evangelisch, dann katholisch.
Sie berichtet, wie Josef Piepers Thomas-Auslegung über die Tapferkeit ihr eine grundlegende Einsicht vermittelte: Tapferkeit sei „der Mut, sich um des größeren Gutes willen einer Verwundung auszusetzen". Beglückt über solche Einsichten und ihre Glaubensheimat, erwacht in ihr die Frage, ob sie vielleicht für den Ordensstand berufen sei. Mit ihrem geistlichen Begleiter verabredet sie einen Vertrag: falls ihr binnen

eines Jahres nicht der Mann ihres Lebens über den Weg gelaufen sei, würde sie sich zum Eintritt in einen Orden (also in die ehelose Lebensform) entschließen. Sie begegnet tatsächlich einem ihr geistig sehr ähnlichen Mann – Mediziner wie sie.

Um innerhalb des Jahres ihre Wahlfreiheit zu erhalten, macht sie sich zur Aufgabe, Arbeitskollegen und Patienten ebenso selbstverständlich und intensiv zu lieben wie den Freund. Dieser, feinfühlig, respektiert ihre Freiheit, lässt sich nicht vom Habenwollen leiten. Doch bleibt Ruth nach beiden Seiten im Zweifel. Beim Abschied gesteht er ihr: „Du hast ein Lächeln, das ... ist doppeldeutig-grundlos. Oder es hat einen Grund außerhalb unser beider Zuneigung". Er hatte eine geheime Wand gefühlt, ehe sie ihm alles erklärte. Sie habe wirklich ihrer beider Liebe gewollt – und doch war da der Vertrag, und sie hatte bis zuletzt eine unerklärliche Freiheit, auch ehelos zu leben, verspürt. Nun trat sie der Kongregation der „Töchter vom Herzen Mariae" bei und wurde zur Ordensschwester ausgebildet. In der Rückschau zieht sie Bilanz: „Das Keuschheitsgelübde war für mich immer das zentrale Gelübde gewesen. Die Totalhingabe, deren Geborgenheit und Freiheit es uns ermöglichen, uns wehrlos und mit ungeschütztem Herzen und allen Verwundungen der Liebe auszusetzen". Sie gibt jedoch zu, dass dieser persönlichste Entscheidungsakt, den sie gegen die Ehe getroffen hat, noch Jahrzehnte in ihr rumorte.

Das *Armuts*gelübde sei ihr lebenslange „Last und Aufgabe" gewesen. Sie habe es als Thema der Solidarität begriffen und sich auch deshalb in die Arme Welt schicken lassen. Für das Gehorsamsgelübde freilich, wie es heute lebbar sei, brauche es eine neue, gültige Erfahrung. Nach mehreren Facharzt-Ausbildungen vom Orden nach Indien gesandt, endet die Reise in Pakistan. In einem Elendsviertel von Karachi, in einem primitiven Bretterverschlag, der Leprosenzentrum hieß, hatte sie ihr entscheidendes Erlebnis: ein noch junger Patient, der auf allen Vieren hereinkroch, die Resignation in seinen Augen, in seiner Stimme, die Gleichgültigkeit der anderen gegen sein und ihr Schicksal, „dieses Ja zur Entwürdigung", als sei sie etwas Normales, versetzt Ruth in gigantische Wut, in heiligen Zorn:

Hier, jetzt muss etwas geschehen, dieser Zustand, diese menschenunwürdige Not muss radikal beseitigt werden. „Blitzartig liefen in diesen Minuten die Fäden meines Lebens zusammen. Es war, wie wenn man seine große Liebe trifft: ein für allemal". (91)

Hier erzählt ein Mensch unprätentiös und doch imponierend seinen Lebensgang, deutet die Ereignisse und Begegnungen und begründet die langsam reifende Entscheidung zur Ehelosigkeit, zu Armut und Gehorsam ohne Groll und Abwertung der Lebensform, die abgewählt wurde. In diesen „Bekenntnissen" einer exemplarischen Christin von heute spürt man eine andere Luft als in Augustins „Confessiones", wo nahezu jede Seite von verbaler Selbstkasteiung unter den Komplexen Unmoral und Sünde durchsetzt ist. Bei Augustinus bleiben Zweifel, ob es wirklich das Charisma der Ehelosigkeit war, das seinen Weg bestimmte, oder nicht vielmehr die dualistische Weltanschauung, die er sich mit Gewalt ´einverleibte`, an deren Maßstab er zugleich seine Unzulänglichkeit (und seine Zweifel am Erlöstsein) ständig neu erfuhr und erlitt.

Ein weiteres Zeugnis von einer göttlichen Berufung zur Totalhingabe kommt von der holländischen Jüdin *Etty (Esther) Hillesum*, die zwischen 1941 und 1943 in Amsterdam und Westerbork Tagebuch führte, worin sie ehrlich und zärtlich ihre Geschichte mit Gott und Menschen darlegt.(92) Ohne Glauben aufgewachsen, findet sie jedoch aus sich selbst zum Glauben an Gott, und zwar im selben Maße, als ihr und ihren Schicksalsgenossen klar wird, dass die nationalsozialistischen Besatzer die völlige Ausrottung der Juden im KZ organisieren. Ihr Tagebuch entsteht im Zuge der inneren und äußeren Vorbereitung auf den Abtransport in die Vernichtung. In ihr selbst, schreibt sie, gebe es einen „Urquell", aus dem sie sich Tag um Tag erneuere (S.191f), einen „ganz tiefen Brunnen. Und darin ist Gott" (52). Immer wieder fragt sie sich, was Gott mit

(91) Ruth Pfau, 11-62
(92) Hillesum, Das denkende Herz

ihr vorhabe, und antwortet selbst: „Ich bin zu allem bereit, ich gehe an jeden Ort dieser Erde, wohin Gott mich schickt" (141); „nicht ich will, sondern dein Wille geschehe" (200). Immer mehr vertieft sich in ihr die Haltung des Gehorsams: „jenes Leiden auf mich zu nehmen, das du mir auferlegst, und nicht das, was ich mir selber ausgesucht habe" (195). Eben deshalb verneint sie für sich die Alternative, unterzutauchen und sich zu retten, um später ihren Beitrag der Welt zu geben; sie spürt, hier und jetzt ist ihr Beitrag zum Menschenschicksal geboten (148). Sich rüstend für die Reise ins KZ realisiert sie das Wenige, was sie noch mitnehmen kann: einen geschenkten Pullover, Decken gegen Kälte, etwas Proviant, ein paar Bücher: Rilke-Briefe, Dostojewskijs „Der Idiot", ein russisches Wörterbuch, eine Grammatik, eine kleine Bibel, ihre Tagebücher (154; 221). Eine zunehmende Armut, die immer radikalere Selbstentäußerung, die sie noch gestalten kann. Am meisten berührt wohl Ettys Reifungsweg im Verständnis von Liebe. Sie befragt ihre Sinnlichkeit und den Wunsch: „Ich möchte mich in seinen Armen verkriechen und nur noch Frau sein oder sogar noch weniger, nur noch ein Stück liebkostes Fleisch" (58). Doch gleichzeitig hat sie das Gefühl, das Sinnliche zu überschätzen: „Eigentlich schenkt mir der geistige Kontakt weitaus mehr Befriedigung als der körperliche" (58). Ihr Liebhaber gesteht ihr: „Ich glaube, dass ich eine ´Vorstufe` zu einer wirklich großen Liebe für dich bin" (57). Ein Stück weiter bekennt sie: „Meine Leidenschaftlichkeit früher war eigentlich nichts anderes als ein verzweifeltes Festklammern an, ja, an was eigentlich? An etwas, woran man sich mit dem Körper gar nicht festklammern kann" (95). Und: „Das ´In-einem-Menschen-aufgehen-wollen` ist aus meinem Leben verschwunden, übrig geblieben ist möglicherweise ein ´Sich-ergeben-Wollen` an Gott oder an ein Gedicht" (83f). Ihr Freund konfrontiert sie mit der harten Realität: „Dies ist eine Zeit, um das Wort anzuwenden: Liebet eure Feinde". Noch fragt sie sich, ob und wie das möglich ist (163), mehr noch: Ob sich nicht die Liebe, die sonst einem einzigen Menschen (des anderen Geschlechts) gilt,

„in eine Kraft verwandeln" könne, „die der Gemeinschaft zugute kommt und die man dann vielleicht auch wiederum Liebe nennen könnte" (180). Sie meint zu fühlen, sie hätte „zuviel Liebe" in sich, „um sie nur einem einzigen Menschen geben zu können ... Kann man es für immer erlernen, dass die Liebe zu den Menschen viel mehr Glück bringt und fruchtbarer ist, als die Liebe zum anderen Geschlecht, die zu Lasten der Gemeinschaft geht?" (204). Es bricht aus ihr heraus: „Ich liebe die Menschen so sehr, weil ich in jedem Menschen ein Stück von dir liebe, mein Gott. Ich suche dich überall in den Menschen, und oft finde ich ein Stück von dir. Und ich versuche, dich in den Herzen anderer Menschen zu erwecken" (170).

Wie ein Echo empfindet sie den Vers aus dem Hohenlied der Liebe: „Und wenn ich all meine Habe den Armen gäbe ..., habe aber die Liebe nicht, so nutzt es mir nichts" (1Kor 13,3). Nachts, als die anderen Schicksalsgenossinnen schnarchen oder weinen, steigt ein Stoßgebet in ihr auf: „Lass mich ... das denkende Herz dieser Baracke sein ... Ich möchte das denkende Herz eines ganzen Konzentrationslagers sein" (200) oder „ein Pflaster auf vielen Wunden sein" (207). Einer ihrer letzten Einträge zieht vor dem so geweiteten Horizont eine kurze Bilanz ihrer früheren sexuellen Aktivitäten: „Ich habe meinen Körper wie Brot gebrochen und unter den Männern ausgeteilt. Warum auch nicht, sie waren ja so hungrig und hatten schon so lange darben müssen" (207). Diese Schlussbemerkung Etty`s über ihr Sexualleben mag ein Moralist als unaufrichtig, ja blasphemisch ansehen – unaufrichtig, weil sie doch selbst an früherer Stelle ihrer Aufzeichnungen das ´Ungeordnete` und Unreife ihrer Kontakte eingeräumt habe; blasphemisch, weil sie Jesu Abendmahlswort „Das ist mein Leib" (lat. *corpus meum*) über dem gebrochenen Brot (Mk 14,22 Par) auf ihre Ausschweifung beziehe und ihre verschiedenen Männer mit Jesu Jüngern und seiner Gemeinde gleichsetze. In Ansehung ihrer persönlichen Entwicklung, wie vom Tagebuch (auch von Freunden und Bekannten) bezeugt, legt sich eine andere Sicht nahe: die Reifung ihrer Liebe von der Exklusiv-Beziehung zu einer allen Menschen, zumal den Schicksalsgenossen, sich öffnenden Herzlichkeit und Verantwortung („das denkende Herz des KZ") ließ sie am Ende auch ihre Beziehungen zu Männern unter diesem abschließenden Blickwinkel des Teilens und Schenkens sehen und, so gesehen, für gut befinden.

Sie hätte so an etwas gerührt, was Christen als königliches Priestertum aller Glaubenden in Christus (1Petr 2,9) kennen. Dass diese Analogie nicht so abwegig ist, wie manche denken mögen, zeigt auch die folgende, in der Christus selbst Subjekt ist:

Was ist seine Eucharistie anderes als – auf höherer Stufe – ein endloser Akt fruchtbarer Ergießung seines ganzen Fleisches, wie ihn der Mann nur einen Augenblick lang mit einem beschränkten Organ seines Leibes vollziehen kann? (von Balthasar, 136).

Folgerungen:

In diesen drei Zeugnissen wird jeweils ein ganz individuell-persönlicher Weg zur Liebe offenbar, ebenso erkämpft wie geschenkt, ein Ringen unter Ängsten und Zweifeln, durchbrochen von Momenten großer Klarheit – ein persönlicher Weg, der die Allgemeinheit nur insofern angeht, als daran aufgeht, dass es für einzelne solch einen einsamen inneren Weg gibt, verrückt erscheinend und doch, wie der Ausgang zeigt, kein Nonsens.

Wer sich in die skizzierten drei Lebenswege vertieft, wird den jahrelangen Prozess der Klärung sowie das jeweils Einmalige der Charismen erkennen, das sich gerade nicht so übertragen und verallgemeinern lässt, dass einem gesagt wird: Wenn die und der das gekonnt haben, musst du es auch können (als handle es sich um Askese, um eine Art geistlichen Sport, und als sei das Resultat wichtig, das persönliche Reifungs-Schicksal aber nicht).

Die voluntaristisch-asketische Denkweise wird jedoch zur Unterstützung des Zölibatsgesetzes für *Priester* immer wieder bemüht. Die nachdrückliche Ermahnung (2009) eines Bischofs belegt es:

Der Priester soll Jünger sein, und ein Jünger will innigste Lebensgemeinschaft mit Jesus ...bis zum Kreuz. Ein Jünger will daher auch ganz nach dem Beispiel Jesu leben.
Die Lebensform des Meisters ist für ihn maßgebend. Er will Jesus bis ins Letzte nachahmen. Vom Evangelium her betrachtet, ist das Leben in Ehelosigkeit für jenen, der an der Sendung Jesu teilnimmt, nicht so sehr ein Gesetz der Kirche, als vielmehr eine Erwartung, die Jesus selber an seine Jünger hat.

Die Formulierung des Bischofs lässt wiederum erkennen, wie wenig es dem kirchlichen Amt auf Berufung, Erfahrung und persönlichen Imperativ des Priesters und Priesteramtskandidaten ankommt. Das Zölibatsgesetz wird zu Jesu ureigener „Erwartung" an den Kandidaten hochstilisiert, und zwar als Erwartung an die „Jünger" (wiewohl Jesus in Mt 19,12 seinen Jüngern nichts dergleichen zumutet), der Priester mit dem Jünger gleichgesetzt (als wären andere Christen keine Jünger), und den Priestern vorbuchstabiert, was und wie sie zu „wollen" haben. Zugleich erweckt der bischöfliche Appell den Eindruck, als sei der Zölibat im Letzten eine Willenssache, keine Sache für ´Schwächlinge`, getreu dem Leistungsprinzip: Alles kann, wer will! Da heiße es ´auf die Zähne zu beißen`. Allerdings dürfte er mit der Forderung, „Jesus bis ins Letzte nach(zu)ahmen", ihn „punktgenau" (Berger) zu imitieren, auf unlösbare Probleme stoßen: er müsste, wie jener, ein Wanderleben aufnehmen, physische Heilungen vollbringen, den Gang über das Wasser antreten (nach konservativer Ansicht eine historische Tatsache), am Kreuz sterben ... Nicht selten stellt sich bei näherer Betrachtung heraus, dass solch idealisierende Analogien nicht hinreichend durchdacht sind, weil sie pauschalierende Zweckbehauptungen (nach sophistischem Muster) sind.

Grundsätzlich scheint vielmehr zu gelten: „Wenn die ´Ehelosigkeit um des Himmelreiches willen` eine von Gott stammende Berufung ist, dann kann man ihr nicht durch ein Gesetz nachhelfen. Dies dennoch tun zu wollen, läuft auf die Auffassung hinaus, dass Gottes Berufung nicht ausreicht, das Herz zu überzeugen.

Aber dann handelt es sich auch gar nicht um Gottes Berufung ... Diese beiden Berufungen [nämlich: zum kirchlichen Amt – zur Ehelosigkeit] können sich zwar gegenseitig fördern, aber nur unter der Bedingung, dass sie freiwillig miteinander verbunden werden ... Die Meinung, es falle in die Kompetenz der Kirche, aus allen Berufenen diejenigen auswählen zu dürfen, die beide Berufungen zugleich haben, verkennt, dass Gott selbst der Berufende ist. Es kommt nicht einmal Petrus zu, ´Gott zu hindern` (vgl. Apg 11,17)".(93)

Dass Gott *auch* Verheiratete zu Priestern beruft, weiß die katholische Kirche, erkennt sie auch offiziell an (Katholische Kirche des 1. Jahrtausends; orthodoxe Kirchen, inklusive unierte: Dekret über die katholischen Ostkirchen Nr.5-6), anerkennt sie faktisch auch für den Pastorendienst in den Kirchen der Reformation (vgl. Ökumenismus-Dekret Nr.3). Wenn Gott aber auch verheiratete und heiratswillige, gläubige Männer zu Priestern beruft, wählt die römische Kirchenleitung durch ihr Zölibatsgesetz faktisch all jene Priesterberufungen ab, die nicht mit dem Charisma der Ehelosigkeit oder wenigstens dem „Willen", ehelos zu leben, verbunden sind, beklagt gleichzeitig den Priester-Notstand und fordert die Gläubigen zum Gebet für mehr Priesterberufe auf. „Niemand kann im Ernst behaupten, dass solches von gutem Geist kommt" (Knauer, 831).

---

(93) Knauer, 830

9. *Christus der erste Zölibatär der Kirche?*

Nachdem man die traditionellen Argumente für den ausnahmslosen Priesterzölibat heute als teils obsolet, teils ungenügend empfindet, wird verstärkt mit spirituellen Überhöhungen, Idealisierungen um Verständnis geworben. Vom Priester wird, in typisch platonischem Denkschema, eine höchste Idee, ein Ideal formuliert, wobei ein Kardinalfehler unterläuft, der dem nüchterneren Platon nicht passierte: das vom Verstand erfasste Ideal wird mit der erreichbaren Wirklichkeit verwechselt oder gleichgesetzt (für Platon kann das Abbild das Urbild nie erreichen, doch findet das Urbild im raumzeitlichen Abbild eine entfernte und gebrochene Präsenz – das gilt auch für seinen Entwurf einer ʹIdealgesellschaftʹ im „Staat").
Wir kommen im weiteren Verlauf auf die Symbol- und Metapher-Sprache zurück.

Eines dieser überhöhenden Argumente heißt „Gleichgestaltung mit Christus". Durch Jungfräulichkeit und Ehelosigkeit würden die Priester „in neuer und vorzüglicher Weise Christus geweiht"; dienten sie „ungehinderter seinem Reich und der Wiedergeburt aus Gott", würden sie „mehr befähigt, die Vaterschaft in Christus tiefer zu verstehen" (Paulus: „In Christus Jesus habe ich euch gezeugt durch das Evangelium"). Sie würden so vor den Menschen ihre Aufgabe bezeugen, „die Gläubigen einem Manne zu vermählen und sie als keusche Jungfrau Christus zuzuführen" (Priester-Dekret Nr.16; zurückhaltender im Dekret Priester-Ausbildung Nr.10). Diese heute schwülstig wirkende Passage geht auf einen Vergleich des Paulus zurück (2Kor 11,2) und versteht sich aus der Propheten-Sprache des Alten Bundes. Paulus relativiert ihn aber einleitend: der bildhafte Vergleich sei „ein bisschen verrückt". Der Apostel will sagen, etwas von der eifersüchtigen Liebe Gottes lebe in ihm, so sei ihm alles daran gelegen, die Christen dem wahren Christus zuzuführen, nicht einem anderen Christus,(94) wie ihn traditionalistische „Pseudoapostel" (11,13) verbreiteten.

Im biblischen Kontext ist das ein verständliches Bild. Im Rahmen einer Begründung des priesterlichen Pflichtzölibates ist es jedoch zweideutig. Es löst die Assoziation aus, verheiratete Priester seien unrein, mit ihnen sei die Rechtgläubigkeit, vielleicht überhaupt die Gläubigkeit einer Gemeinde gefährdet. Die Unterzeichner dieses Konzilsdokumentes wollten präzise diese Deutung vermutlich nicht unterschreiben, doch schwingt sie durch die Last der Vergangenheit eben mit. Dass diese Nebenbedeutung mitschwingt, machen nachkonziliare Entfaltungen dieses Ansatzes deutlich. Der das Messopfer feiernde Priester müsse Christus innerlich und äußerlich so gleichgestaltet („konfiguriert") werden,(95) dass er wie Christus, in ihm und mit ihm, sowohl Priester (Christus der „Hohepriester") als auch Opfergabe (hostia) werde und sei.

Der Priester müsse Christi Opfer „einverleibt" werden, er müsse „Selbsthingabe *in* und *mit* Christus *an* seine Kirche" sein, „indem er ihr sein ganzes Leben darbringt". Hier, also im Opfer (hostia)-Begriff, liege „der Zusammenhang" zwischen Priesteramt und Zölibat. Hilfsweise wird der Pfarrer von Ars als Zeuge aufgerufen:

---

(94) Bei den Propheten wird das Bild gebraucht, um Israel als Braut JHWH`s, nicht jene Baals, zu kennzeichnen
(95) Vgl. Thomas von Aquin: „es gehört sich, dass die Diener Christi ihm gleichförmig (conformes) sind": Summe IV 74; vgl. Kongr. für den Klerus: Der Priester, Lehrer des Wortes, Diener der Sakramente und Leiter der Gemeinde für das dritte Jahrtausend (dt. Bonn 1999), 42. Das Thomas-Wort wird somit maximalistisch gedeutet (s.a. Heimerl, 5).

Das Priestertum „ist die Liebe des Herzens Jesu" (ebd 41). Das erinnert an das alte Lied, gesungen an „Priestersamstagen": „Ein Priesterherz ist Jesu Herz". Man sieht, wie hier idealisierend-abstrakt eine vollkommene Identifizierung des Priesters mit Jesus Christus vorgenommen wird. Er wird zu einem „alter Christus", einem „zweiten Christus" – vielleicht in jenem fatalen Sinne, den Paulus beklagt (2Kor 11,4)? Im Blick auf diese und andere Verlautbarungen Roms, zumal der Kleruskongregation, drängt sich das Fazit auf: „Es ist das vorkonziliäre hierarchische Priesterbild vom ´Mönch im Pfarrhaus`, was hier ´fröhliche Urständ` feiert".(96) Bei allem Insistieren auf der „Konfiguration" des Priesters mit Christus vergisst man – oder ignoriert bewusst – die ausdrückliche Hochschätzung der verheirateten „hochverdienten Priester" zB in den Ostkirchen – aber auch in der eigenen Vergangenheit durch rund tausend Jahre – durch das Konzil, deren „heilige Berufung" sowie „Ganzhingabe" ausdrücklich genannt und anerkannt werden. Wo es sich den Ostkirchen ausdrücklich gegenüber weiß, wagt das Konzil auch nur zu sagen, dass es den Zölibat „empfiehlt", indes man für den Hausgebrauch richtigerweise vom „Gesetz" spricht, welches das Konzil „billigt" und „bekräftigt" (nachdem ihm die Diskussion darüber untersagt worden war – Zitat: Priester-Dekret Nr.16). Es ist hier zu erinnern, dass die in der jüngeren Vergangenheit zunehmende (objektiv korrekte) Praxis Roms, übertrittswilligen, verheirateten Pastoren anderer Kirchen oder Gemeinschaften unter gewissen Bedingungen (wozu die Ehelosigkeit *nicht* gehört!) die Priesterweihe zu spenden und sie auch in der Seelsorge einzusetzen, die katholische Zölibatsdisziplin für die Öffentlichkeit nicht glaubhafter macht.

---

(96) G. Greshake in einem kritischen Rückblick auf die Früchte des Priesterjahres: Herder-Korrespondenz 7/2010, 376

Diese an sich noble Praxis ruft freilich jedermann, der die Dinge verfolgt, in Erinnerung, dass die beschwörenden Sätze, mit denen man den Priesterzölibat preist: die höchstmögliche „Konfiguration" mit Christus, mit seinem Opfer, mit seiner vermeintlich frei gewählten Ehelosigkeit usw, nach dem faktischen Verständnis Roms (trotz anderslautender Dokumente) die Priester-Ehe eben nicht ausschließen und die so hochgesteckten Idealisierungen nicht so ernst zu nehmen sind, wie sie verbalisiert werden; dass Roms die Realität und Gottes Gebot berücksichtigender Ermessens-Spielraum größer ist als öffentlich zugegeben; dass auch die Weiterverwendung von Priestern, die nach der Weihe heiraten, zumal in Notsituationen im Sinne einer Güterabwägung durchaus möglich wäre. Dass und solange dies nicht geschieht, ist es, ebenso wie die päpstliche Unterbindung jeglicher öffentlicher Zölibatsdiskussion auf dem Konzil, ein klares Indiz dafür, dass hier quasi mit Gewalt(97) an einem Gesetz festgehalten wird, bei dem man seit jeher die nicht verstummen wollenden Vorbehalte, Warnungen und Kritik auf Seiten einer großen Zahl der Gläubigen, Priester, auch Bischöfe in der Kirche kennt, mindestens vermutet.

Die offenbar überaus hohe Zahl von Dispens-Gesuchen, wie sie sich in den ersten Jahrzehnten nach dem Konzil einstellte und deren Genehmigung Papst Johannes Paul II. schließlich rigoros einschränkte, ist dafür ein Beleg. Hält man sich die Geschichte des gegen breite, bis heute anhaltende Widerstände und Abweichungen eingeführten Priester-Zölibats vor Augen, mutet das wiederholte Lob der kirchlichen Regie für die (so vielen unverständliche) Gottes-Gabe Zölibat an wie ein impliziter Dank an Gott

---

(97) Vgl. dazu Denzler (1993) , 35-59; Küng (2001), 50-53

für die Duldung der amtskirchlichen Zwangs- und Straf-Orgien im Laufe der Geschichte.

Es ist schwer, in den aus dem Mönchsstand kommenden Reformpäpsten des 11. und 12. Jahrhunderts und in den Kleriker-Beschlüssen der Lateran-Konzilien jener Epoche, die Priesterfrauen zu Konkubinen und deren Kinder zu Bastarden herab stuften und anregten, Priesterfrauen zu „verjagen" und bei verheirateten Priestern nicht mehr zur Kommunion zu gehen, etwas von der Güte und Menschenliebe Gottes in Christus zu entdecken, wovon die frühe Kirche in so freudiger Erregung Kunde gibt (zB Tit 3,4; 1Joh 4,7-21). Und welches Frauen-Bild tritt hier indirekt an den Tag!

Teilweise noch aufschlussreicher für die geltende kirchenamtliche Denkhaltung ist das ebenfalls von der Kleruskongregation herausgegebene „Direktorium für Dienst und Leben der Priester" (von 1994),(98) auf dem das spätere Dokument basiert. Da ist ungeniert – in Außerachtlassung des Volk-Gottes-Begriffs des Zweiten Vatikanischen Konzils – davon die Rede, „die Kirche" habe bei diesem Konzil und in darauf folgenden „päpstlichen Lehraussagen" stets „den festen Willen bekräftigt, das (Zölibats-)Gesetz beizubehalten". Der Zölibat sei eine Gabe, „welche die Kirche erhalten hat und bewahren will", da sie „für sie selbst und für die Welt ein hohes Gut" sei (aaO 50). Hier ist dreimal von der „Kirche" die Rede, jedoch anscheinend mit verschiedenen Subjekten: Bei der ersten Nennung von „Kirche" ist offensichtlich das konziliare Bischofskollegium, vor allem aber der Papst gemeint (der eine ergebnisoffene Zölibatsdebatte nicht zuließ).

Bei der zweiten und dritten Nennung der „Kirche" ist aber wohl nicht nur die Hierarchie gemeint, sondern auch die Gemeinschaft aller katholisch Gläubigen.

(98) Zitate nach der dt. Übersetzung (Bonn 1994)

Diese aber hat nie ausdrücklich „den festen Willen bekräftigt, das Gesetz beizubehalten", es sei denn, man bevormundet das Gottesvolk, setzt sich bei Bedarf an seine Stelle (als „die Kirche" gilt seit dem Mittelalter vorzüglich der hohe Klerus, die Hierarchie) und bewertet das Schweigen der Mehrheit (wer ist das?) als Ja zu den eigenen Vorhaben. Diese Position schließt die seit Augustin bekannte Überzeugung ein, die Person oder Instanz, die um das wahrhaft Gute weiß und den anderen gut will, dürfe zu deren Bestem auch gegen deren Willen und Wünsche handeln, auch verbieten, strafen, Schmerz zufügen, Gewalt anwenden, weil es ja aus Liebe zum Guten geschehe. Diese Sicht stellt das Heil höher als das individuell-persönliche Selbstbestimmungsrecht, spielt das eine gegen das andere aus.(99) Diese Denkweise bestimmt sowohl die Entstehung des Zölibatsgesetzes wie das Festhalten an ihm mit.

Die „hochverdienten Priester im Ehestand" der orthodoxen Kirchen werden im Direktorium nicht mehr erwähnt, wohl aber wird behauptet, die Zulassung verheirateter Priester in den Ostkirchen „steht in keinem Widerspruch zur lateinischen Kirche" – es gebe dort ja den Zölibat der Bischöfe und keine Heiratserlaubnis für schon geweihte Priester; es gehe dort „immer und nur um die Weihe bereits verheirateter Männer" (ebd 53). Zu behaupten, dass es hier zwischen Ost und West keinen Widerspruch gebe, ist von einer Chuzpe nicht weit entfernt (´man kann es ja mal behaupten`).

(99) Augustinus: „contra voluntatem tuam sed propter salutem tuam" (Flasch, 164ff). Augustin gründete diese These wohl auf seine Überzeugung von der Gebrochenheit des menschlichen Willens nach Adams Fall: dazu Brown, 413f; von Augustin glaubte sich auch Papst Gregor der Große legitimiert, die sardischen Heiden zur Taufe zu zwingen. Augustins Sicht spielte eine wichtige Rolle auch in der Auseinandersetzung um die Erklärung der Religionsfreiheit im 2. Vat. Konzil.

Natürlich schätzen beide Kirchen auf ihre Weise das Charisma der ehelosen Lebensform, doch mit der Weihe – die eine: nur von Unverheirateten, die andere: auch von Verheirateten – halten sie es gegensätzlich.

Anders als das Konzil erspart sich das Direktorium unter der Rubrik „Schwierigkeiten und Einwände" jede konstruktive Einschätzung der alternativen Praxis der Ostkirchen – was das Dokument in den Augen aufmerksamer Leser als unseriös erscheinen lässt. Solch schiefe, ja falsche Aussagen manifestieren „den Willen der Kirche" zur Zölibats-Disziplin („Kirche" wieder im Sinne der Selbstidentifikation der Hierarchie mit der „Ekklesia"), wie es das Direktorium zuvor in seltener Deutlichkeit ausspricht, und zwar „bevor noch jemand seinen Willen bekundet, dazu bereit zu sein" (ebd 51). Deutlicher kann man kaum mehr sagen, dass es „der Kirche" (der Hierarchie) – jedenfalls in dieser Angelegenheit – auf Urteil und Willen der Betroffenen (dazu gehört auch das übrige Gottesvolk) nicht ankommt (wie man den Pflichtzölibat von Beginn an gegen Meinung und Willen der Mehrheit der betroffenen Priester ´durchdrückte`). Allen Geweihten wird a priori unterstellt, sie hätten den Zölibat „frei übernommen" und zudem die „moralische Verpflichtung zur Einhaltung" (ebd 52). Der Katholische Katechismus (von 1993) erklärt: „alle geweihten Amtsträger der lateinischen Kirche (werden) normalerweise aus den gläubigen Männern gewählt, die zölibatär leben und den Willen haben, den *Zölibat* ´um des Himmelreiches willen` (Mt 19,12) beizubehalten" (Nr. 1579). Eindeutig wird hier gesagt, dass die Kirchenleitung eine Auswahl treffe aus gläubigen Männern, die – erste Bedingung – bis zum Zeitpunkt der Weihe ehelos sind und die – zweite Bedingung – „den Willen haben", die Ehelosigkeit „beizubehalten".

Der Verweis auf Mt 19 kann nicht verbergen, dass bei der Auswahl der Priesterkandidaten nicht auf eine von diesen zuvor empfangene, zölibatäre Berufung (Charisma), sondern asketisch (christlich-antike Bußleistung!) und voluntaristisch-augustinisch auf die Willenskraft des Mannes (virtus) gesetzt wird (sowie, vor allem bei Schwierigkeiten, auf sein Gebet).

Zusätzlich wird angeführt, das Vorbild Christus habe – gegen sein kulturelles Umfeld – „sich freiwillig entschieden ..., zölibatär zu leben" (ebd). Bei so dezidierter Behauptung möchte man rückfragen: Hatte er denn dazu das Charisma? Hatte er darum gebetet? Oder sich einfach nur dazu entschieden? Die These klingt nach einer Konstruktion ohne Boden. Weder gibt es für eine solche, das ganze Leben umfassende Wahl der zölibatären Lebensform für Jesus irgendeinen biblischen Hinweis (100) (nur das argumentum *e silentio*) noch lässt sich seine Lebens- und kurze Wirkungsspanne (wohl nur ein, höchstens drei Jahre, nach den Historikern) vergleichen mit der durchschnittlichen Arbeitszeit eines Priesters, die heute mehrere Jahrzehnte umfasst. Kein Evangelist beruft sich auf den ´Zölibat` Jesu, und auch Paulus, statt sich auf

(100) Es ist schon oft aufgefallen, dass Jesus zum Komplex Sexualität/Ehe außer dem Hinweis auf den Schöpferwillen zur Einehe und dem nur wenige angehenden Eunuchen-Wort nichts hinterlassen hat. Mit der Ehebrecherin und ihrem Vergehen befasst er sich nur gezwungen und spricht sie los. Obwohl er weiß, dass der sechste Mann der Samariterin nicht ihr Ehemann ist, geht er darauf nicht ein, sondern bietet ihr das Heil an („Quelle ewigen Wassers"). Dem entspricht das Wort bei Mt, Zöllner u. Huren gelangten „eher ins Gottesreich als ihr" (Jesu Gegner). Zu Recht kann man sagen: „Gerade sein Schweigen redet": Görres (1983), 103.- Ratzinger geht aus vom „Selbstverständnis" des „Christus": er gehe „als Eheloser durch die Welt", weil er nicht mehr Kinder brauchte für die lange Erwartung der Verheißung, sondern in Person die erfüllte Verheißung: das Leben selbst, war (a.a.O., 113f). Dies ist freilich kaum das „Selbstverständnis" Jesu, sondern das Verständnis der Christologie, das, die Konsequenzen aus Ostern ziehend, die sexuell-generative Ehe-Gemeinschaft als diesseitig gebunden beurteilt.

einen ehelosen Christus zu berufen, beruft sich nur auf sein eigenes Beispiel!

Für Jesus und seine kurze Wanderzeit wird man eher sagen müssen: Er wurde in Gottes Aufbruch in ihm so vollständig hineingezogen, dass er zu anderem keine Zeit mehr fand. In diesem Sinne blieb er wohl unverheiratet, worauf die Distanz zu seinen Angehörigen, die ihn als „verrückt" empfanden, und seine von ihm selbst gefühlte Heimatlosigkeit hinweisen. Wohl lässt sich – im Rückgriff auf Prophetensprache – dieser Aufbruch kennzeichnen u.a. durch die Metapher: „Er ist der Bräutigam, der um seine Braut, das erneuerte Israel, wirbt" (vgl. Mk 2,18ff; Joh 3,27ff; 2Kor 11,2 [Paulus Brautführer, die Gemeinde als Braut]; Apk 19,6ff; 21,2.9; 22,17 [Kirche als himmlische Braut des Lammes]). Das ist die Art von Charisma, die eine Zeit des Wanderns begründet (Wandercharismatiker),[101] gleichbedeutend mit Loslösung von allem, was stark an Raum und Zeit bindet.

In diesem Kontext lässt sich allenfalls denken, dass in dem einzelnen (schon oben bedachten) Wort, es gebe Eunuchen, die sich um des Himmelsreiches willen entschieden hätten, es zu sein (Mt 19,12), Jesus indirekt *auch* von sich selbst spricht. Dann hätten für die kurze, aber gefüllte Zeit, die ihm für seinen Auftrag beschieden war (Mk 2,19f Par), Herz, Kopf, Kraft, Zeit nicht ausgereicht und die Zuspitzung des Konfliktes es verhindert, an anderes (wie Existenzgründung) zu denken. Möglicherweise greift Jesus auch ein seine Jünger (und ihn selbst?) treffendes Schimpfwort auf, da die Verheirateten unter seinen Jüngern in der Zeit ihrer Jesus-Nachfolge ihre Ehepflichten wohl z. T. ruhen ließen, was in Israel nicht verständnisvoll registriert wurde (so wenig wie Jesu

---

[101] Siehe auch Schillebeeckx (1967), 69; über Wandercharismatiker ausführlich: Theißen, 64-76

Tischgenossen oder das Sabbat-Verhalten der Jünger), obwohl neben dem Täufer wohl auch andere asketische Bußprediger auftraten und gelegentlich auch Rabbinen unverheiratet blieben, sich aber rechtfertigen mussten.(102)

Während der Evangelist das Eunuchen-Wort enger bezieht auf Männer, die ihre Ehefrau entlassen, spürt man doch, dass es aus einem anderen Kontext stammt und einen eigenen, auf Ehe verzichtenden Lebensstil „um des Himmelreiches willen" (wo das Heiraten entfällt: Mt 22, 30 Par) anzielt. Der Nachsatz „Wer dem Raum geben kann, tue es" zeigt: Jesus will aus diesem ehefernen Lebensstil, der damals nur einen begrenzten Zeitumfang (Naherwartung!) beanspruchen konnte, keinerlei Regel oder Gesetz der Nachfolge vorschreiben.(103) Das erklärt auch die Zwölf-Apostel-Lehre, die (in der paraphrasierenden Auslegung Bergers aaO 23) Propheten erwähnt, die in ihrem Verhalten das Geheimnis der Kirche auf Erden darstellen, indem sie im Gedenken an das „Fleisch Christi" ehelos leben: sie sollen, wo sie nicht andere zur Nachahmung anstiften, von den Gläubigen respektiert werden, Gott allein sei ihr Richter (Did 11,11; vgl. Ignatius von Antiochien: Polykarp-Brief 5,1f). Jesu Ungebundenheit an eine Frau ist etwas qualitativ und quantitativ anderes als ein Zölibatsgesetz. Dessen Verteidiger können sich auch deshalb kaum auf Jesus berufen, da er kein Priester war.

(102) Vgl. Theißen, 38ff; Brown (1994), 54; Ehelosigkeit galt bei Pharisäern als dem Schöpfer-Gebot zuwider, die Menschen sollten fruchtbar sein, sie wurde mit Blutvergießen verglichen; dennoch kam es vor und fand Entschuldigung darin, dass andere für den Weiterbestand der Welt sorgten: Babylon. Talmud, Jewamot 63b, zum Ganzen auch S. Ben-Chorin, Bruder Jesus (München 1972), 127ff

(103) Zur Stelle: Luz, 107ff; Berger hebt o.g. Bibeltexte hervor, um die prophetisch-eschatologische Sinnhaftigkeit der Ehelosigkeit zu veranschaulichen. Diese – von den Orden aufgenommene – Lebensform wird jedoch in der Diskussion um den Priesterzölibat nicht in Frage gestellt; es geht allein um die Frage der Zölibats-Pflicht für Priester.

Zwar war er kein prinzipieller Gegner des Opferkults im Tempel, sondern achtete ihn, bejahte auch Wallfahrten. Seinem Einzug als Messias in Jerusalem folgte die Reinigung des Tempelvorhofs von Wechslern und Verkäufern (Mk 11 Par). Doch kritisierte er bestimmte Vorstellungen und Praktiken aus theologischen und ethischen Gründen.

Zweimal zitierte er das Wort „Barmherzigkeit will ich, nicht Opfer" (Hos 6,6 / Mt 9,13; 12,7). Die innere Umkehr zu Gott sei entscheidend, nicht die Opfergabe (Mt 5,23). Der Tempelkult kann nicht höheren Rang haben als Gottes Gebot (Mk 7,5-13; Mt 15,1-9). Jesus beanspruchte für seine Mission höheren Rang als der Tempel (Mt 12,6): als Inkarnation von Gottes Erbarmen überragt sie auch den Priesterstand und sein Opferwesen (Mt 12,7). Er respektierte die Priester, indem er geheilte Aussätzige zum „Priester" schickte, der die Heilung offiziell bestätigen musste (Mk 1,44 Par; Lk 17,14). Gleichzeitig hielt er Distanz zu ihnen, ließ erkennen, dass er kein Mitglied dieser Berufsgruppe war (Mk 2,26 Par; Mt 12,5; Lk 10,31). Nach Darstellung der Evangelisten sah Jesus die Zerstörung des Tempels voraus (Mk 13,2 Par), die auch das Ende des Opferkultes in Israel bedeuten wird. Sein gewaltsamer Tod als Ergebnis seiner Verkündung der ankommenden Gottes-herrschaft war nicht von vornherein darin enthalten. Er wurde erst unvermeidlich, als sich die damalige Führung gegen das eigene Volk, weil gegen die Gottesbotschaft Jesu (der sich ein Gutteil des Volkes geöffnet hatte), offiziell aussprach. Jesus nahm seinen Tod an und gestaltete ihn im Rahmen von Erniedrigung und Qual als Selbsthingabe an Gott, den „Vater". Es ist allein der (erst seit dem 4. Jahrhundert kanonische) Hebräerbrief, der – mit Blick auf seine Adressaten – etwa zwei Generationen später Jesu *Tod* und *Auferweckung* deutet als endgültigen Akt hohenpriesterlichen Dienstes, in dem zugleich der alte Opferdienst der Hohenpriester im Jerusalemer Tempel (und anderswo) überboten, erfüllt und zugleich abgegolten ist (mit der römischen Zerstörung des Tempels als äußerem Indiz). Damit hatten auch die Tempelpriester ausgedient. Der Autor des Hebräerbriefes sieht aber nicht schon den ´Wander-Rabbi` Jesus, sondern erst *Christus* als abschließenden „Hohenpriester" – ein Titel mit Bedeutung, ihm verliehen von Gott als Aspekt seiner Erhöhung (Hebr 5,10; Phil 2,9). Letzteres gilt auch für den Titel „Lamm (Gottes)", häufig in der Johannes-Apokalypse zu finden, ein Aspekt der *Christus* verlie-henen, himmlischen Würde (Apk 5,6-14). Der Seher hat das *Opfer*-Lamm – also die *hostia* – im Blick, nicht den Opfernden (wie der Hebr-Brief).

Die Wiederbelebung des Priesterstandes im Rahmen der Konstantinischen Wende zur Übernahme der Staatsopfer im vorchristlichen Rom, die nun der jeweilige Bischof zu vollziehen hatte, sowie die Begründung des Priester-Zölibats aus dem Motiv kultischer Reinheit erscheint sowohl biblisch fragwürdig als auch missverständlich. Bezeichnenderweise wurde der Hebräer-Brief erst in dieser Zeit in das Corpus des NT aufgenommen. Die bekannten Angemessenheitsgründe für Priesterzölibat haben aber in Jesu zeitlicher Existenz wenig Anhalt. Wenn er zölibatär lebte, war es kein Priesterzölibat, den er lebte, erst recht kein hohepriesterlicher Zölibat (die Hohenpriester und Priester Israels waren verheiratet). Was man allenfalls – mit Augenmaß – zugunsten des Zölibats geltend machen kann (auf dieser Schiene fährt die offizielle Zölibatsbegründung jedoch selten oder nur vage), ist der aus dem NT erschließbare Status der Jünger Jesu. Diese verließen anscheinend und wohl dauerhaft – in Erwartung des baldigen Weltendes und Anbruchs der neuen Welt – Haus und Hof und folgten Jesus in die Lebensform der Heimatlosigkeit, Besitzlosigkeit und Familienferne. Von deren späterer Rückkehr zu Familie, Haus und Hof ist nirgends die Rede (aber auch nicht von einem entsprechenden Verbot Jesu). Dieser abrahamitische Exodus der Jünger aus ihrem Lebensmittelpunkt, aus heimischer Erde, Haus und Familie (vgl. Gen 12,1) traf wohl auf nur wenig Verständnis, eher auf bittere Kommentare seitens der Verlassenen, auf Vorwürfe und Vedächtigungen, da es dabei ´nicht mit rechten Dingen zuging`.(104)

Die Kirche hat diese – in den Augen der normalen Umwelt – gewissermaßen ´asoziale` Lebensform seit altersher übernommen in den *communautés écartées,* also in separierten Klöstern und Ordensgemeinschaften, die beispielsweise Missionare in alle Welt sandten und senden. Den Leutepriestern in Städten und Dörfern fehlt aber gewöhnlich das Wandern, Hauptmerkmal der „Wandercharismatiker", weshalb die Ostkirche ihre Welt-Priester von den Mönchen (sie leben real oder bildlich in der Wüste) klar unterscheidet. Das geht auch aus jener Eingabe hervor, die der melkitische Patriarch Maximos IV. Sayegh seinerzeit Papst Paul VI. zugehen ließ, worin er für die Wertschätzung der ebenfalls apostolischen Tradition jenes Priestertums eintrat, „das die Bande der heiligen Ehe auf sich genommen hat". Er fährt fort: „Das Priestertum ist eher eine Funktion als ein Lebensstand.

Es ist nicht an die persönliche Vervollkommnung gebunden, wie der Zölibat für Gott, sondern an den Nutzen der Kirche. Im Bedarfsfall muss nicht das Priestertum dem Zölibat, sondern der Zölibat dem Priestertum geopfert werden ... Eure Heiligkeit weiß sehr wohl, dass Wahrheiten, die man verschweigt, zu Gift werden".(105)

(104) Vgl. Theißen, 64-76
(105) Zit. nach Denzler (1993), 51f

10. Maria als „Mutter" der zölibatären Priester

Das kirchliche Amt sucht, überblickt man die Entwicklung, immer wieder Argumente, um seinen *Willen* zum Pflichtzölibat zu begründen, und kann dabei auf Theologen rechnen, die es darin unterstützen. So etwa der rekonvertierte Neutestamentler Klaus Berger. Er gibt eine ansprechende biblisch-theologische Begründung für die ehelose Lebensform überhaupt, lässt aber die o.g. historischen und weltanschaulich fragwürdigen Motive für das Zölibatsgesetz wortlos als entbehrlich beiseite. Sein Interesse geht offenkundig dahin, das bestehende Junktim zu stützen und Priestern wie Laien, die am Wert der Ehelosigkeit überhaupt zweifeln, deren biblischen Sinn nahezubringen. Er meint, auch den römischen Priesterzölibat aus Bibel und bibelnahen Quellen ableiten zu können. Ähnlich behauptet das Direktorium geschichtsfern, der „tiefste Grund" für den Zölibats-Willen der „Kirche" sei das „enge Band zwischen Zölibat und heiliger Weihe", nämlich die Gleichgestaltung des Priesters mit Christus, „Haupt und Bräutigam der Kirche" (ebd). Gegen die Warnungen theologischer Ethiker wird der Zölibat immer noch als „Keuschheit" ausgegeben,(106) das heißt, „als vollkommene und dauernde Enthaltsamkeit".

Die Ethik versteht unter „Keuschheit" heute jene individuelle Reife, wo die geistigen, seelischen und körperlichen Fähigkeiten und Antriebe in die Gesamt-Persönlichkeit integriert sind und vom bewussten und

(106) „Vollkommene Keuschheit mit dem Stand der Ehelosigkeit zu identifizieren, tut andern Lebensumständen Unrecht und ist zudem unrealistisch": Häring, 520. Auch Schutz nennt den Zölibat „Keuschheit" (chasteté) und meint das selbstlose Sichausstrecken nach der Hoffnung Gottes für alle Menschen. Doch führt er aus, dass auch eheliche Treue nur als selbstloses Sichausstrecken nach Gott zu leben sei, die Treue in der Ehe also auch als „Keuschheit" zu verstehen ist: Dynamik, 116ff; ähnlich, kompakter in: Unanimité dans le pluralisme (Taizé 1966), 103ff. 119-128

freien Wollen beherrscht werden. Das amtliche Festhalten an einer obsoleten Gleichsetzung kann aber gewollt sein und spiegelt dann indirekt das Verharren im alten *psychologischen* Motiv: in archaisch-vorchristlicher Empfindung der Unvereinbarkeit sexueller „Unreinheit" mit dem „sacrificium" Christi und des Priesters (sog. kultische Unreinheit), verbunden mit der latenten, seit dem Konzil überwunden geglaubten, vielleicht nur halb bewussten Abwertung der Ehe.(107) Ein Indiz dafür ist auch die Beobachtung, dass den beiden hier zitierten Dokumenten der Kleruskongregation je ein längeres „Gebet an Maria" beigegeben ist. Nachdem im kirchlichen Altertum (Konzil von Ephesus 431) eher Marias *Mutterschaft* (Mutter nicht nur Jesu, sondern Jesu Christi, des Gottessohnes) im Focus des Bekenntnisses stand, wurde seit dem Mittelalter Maria als *Jungfrau* zum unterstützenden Motiv für den Kleriker-Zölibat, mit relativer Abwertung des Ehestandes gegenüber dem Ehelosen-Stand als ´Begleittext`, eine Abwertung, die offiziell erst vom Zweiten Vatikanischen Konzil aufgehoben wurde, aber im Grundgefühl vieler Zölibatäre der katholischen Kirche weiterlebt. Maria – so dachte man im Frühmittelalter – war zu preisen, da sie Jesus geboren hatte ohne den „unheilvollen Zwang" des Geschlechtlichen.(108) Weil Jesus als Gottessohn nach alter Tradition (in Auslegung von Mt 1, 18-25 /Lk 1,26-38) von Maria kraft des Schöpfer-Geistes Gottes selbst, nicht durch den Samen des Mannes gezeugt worden war, wurde Marias Mutterschaft im Bewusstsein der Frömmigkeit schließlich überlagert von ihrer Lobpreisung als Jungfrau. Damit verband sich eine wachsende Geringschätzung der Frau im *Voll*sinn des Wortes, d.h. der Frau als aktivem Geschlechtswesen.

(107) Vgl. dazu Schillebeeckx (1985), 288-299
(108) Vgl. Brown (1994), 453ff

Schon früh wurden enthaltsam lebende, christliche Frauen (vor allem Nonnen) als „Bräute Christi" tituliert, indes ehelos lebende Männer (Ordensleute, Priester) zu „Söhnen Marias" und zu geistlichen „Vätern" aufstiegen. (109) Das erwähnte „Direktorium" widmet einen Abschnitt daher auch der Marienverehrung: Marianische Spiritualität gehöre zu „jedem Priester". Zunächst unter dem Aspekt „Mutter": „Die Priester ... müssen Maria als ihre Mutter in ihr eigenes Leben aufnehmen" (aaO 60); wie sie sollen sie werden: demütig, „gehorsam, keusch", dem Herrn und der Kirche ganz hingegeben. Maria repräsentiere die Kirche in reinster Form, „ohne Makel und Runzel", „ganz ´heilig und unbefleckt`". Das wird als Zitat aus Eph 5,27 ausgewiesen. Denkwürdig ist nur, dass der Briefautor hier nirgends von ehelosen Priestern spricht, sondern davor und danach Bezug nimmt auf die *Ehemänner,* die ihre Frauen so lieben sollen, wie Christus die Kirche hingebungsvoll geliebt habe. Das Bild dient also der Unterstützung der *ehelichen* Spiritualität.

Nun kann man sicherlich manches biblische Bild auch in anderem Sinne verwenden als der Autor. In solchem Fall muss gefragt werden, ob damit der ursprüngliche Sinn entstellt wird oder eine ´Schlagseite` bekommt.
Im Kontext des Direktoriums kann der Darlegung entnommen werden, der Priester (als Mann) solle die Kirche ähnlich intensiv lieben, als wäre sie seine Frau. Liebt der Priester in der Marien-Minne also eigentlich die Kirche?

Dies meint das Direktorium wohl nicht allein, wenn es dem Priester „die Betrachtung der seligen Jungfrau" als „das Ideal vor Augen" stellt (61). Doch soll die Verehrung Marias als reinster Repräsentantin der Kirche den Priester auch stärker mit der Kirche verbinden.

(109) Kritische Beobachtungen zur Schlagseite traditioneller Marienverehrung auch bei K. Hilpert, Auch ein systemisches Problem?, in: Herder-Korrespondenz 4/2010, 176

Man könnte meinen, die Regel der alten Kirche, ein Bischof (Priester) solle Ehemann nur einer einzigen Frau sein (1Tim 3,2; Tit 1,6), werde hier spiritualisiert, indem jedem Priester Maria als (Jung-) Frau übergeben wird.

Das wäre jedoch forciert und übertrieben, denn nur bestimmte Konturen Marias (Mutter, Jungfrau) werden dem Priester ans Herz gelegt. Eines der „Gebete an Maria" im Anhang spricht thematisch vom „Priestertum Deines Sohnes und Deiner Söhne". Von solch idealisierender Anschauung ist es begreiflicherweise nicht mehr weit zu dem im Mittelalter propagierten Gedanken (zB Petrus Damiani): Christi Leib, von der Jungfrau geboren, dürfe nur von jungfräulichen Händen berührt, gebrochen werden (vgl. Berengars Bekenntnis 1059!) Die zielstrebig ausgebaute Vorstellung von Marias „immerwährender Jungfrauschaft" (trotz Mt 1,25) mündete in die Erhebung Marias zur „Mutter" der Gläubigen *und zumal* der ehelos lebenden Kleriker. Marias Bedeutung als „Mutter" der Gläubigen wird in jedem Angelus-Gebet bewusst und lebendig. Maria als „Mutter" der Priester hat aber einen anderen ´Teint`: sie wird u.a. vorgestellt als Helferin für zölibatäre Priester zur Einhaltung ihres Versprechens lebenslanger Ehelosigkeit. Maria erscheint als Zölibatärin – und Vorbild der kirchlichen Zölibatsdisziplin? Der Gedanke enthält allerdings die reale Gefahr eines fatalen Kurzschlusses, als würde das Gebet (zu Gott und an Maria) für die Stärkung der ehelosen Lebensform genügen, und man könne (durch Ausweichen, Abstandhalten, Verdrängen usw.) sich die Aufgabe sparen, eine reife Einstellung zur Frau als Frau (nicht: als Jungfrau) zu finden, wie sie doch auf der anderen Seite jeder (auch der christliche) Ehemann finden muss, will er nicht seine auf lebenslange Treue gestimmte Ehe gefährden.

Solche Engführung – Maria als Jungfrau und ´Mutter` der

Enthaltsamkeit(110) – verstellt das Bild Marias und verzerrt es ins Einseitige: die Erzählungen der Evangelien von der Verkündigung des Engels an Maria, von Marias jungfräulichem Status, von der Rechtschaffenheit Josefs und von der Geburt Jesu machen, durch *Überbietung*, gleichsam anschaulich, dass menschliche Geschlechtskraft, liebende Vereinigung von Mann und Frau, die Ehe und ihre Fruchtbarkeit von Gott kommen, von Ihm gesegnet sind und zusammen ein Geheimnis bilden, das im schöpferischen Urgrund der göttlichen Liebe gründet.

Daher würdigt das Konzil die eheliche Liebe, „die Menschliches und Göttliches in sich eint", und „die Eheleute als mitwirkend mit der Liebe Gottes des Schöpfers und gleichsam als Interpreten dieser Liebe" (Pastoralkonst. Kirche in der Welt Nr.49-50).(111)

Vom Vollsinn der Marienverehrung aus wäre auch zu fragen, inwiefern die Diagnose Eugen Drewermanns u. a. in der Vergangenheit zutraf und vielleicht heute noch trifft, die Diagnose nämlich, bei der katholischen Priester-Ausbildung werde das Risiko bewusst in Kauf genommen oder gar bevorzugt, eine triebschwache, psychosexuell gehemmte, von geheimer Lebens-, Liebes- und Beziehungs-Angst gesteuerte Persönlichkeit zur vermeintlich problemlos zölibatären Priestergestalt heranzubilden. Nicht wenige mögen diese Diagnose durch die erschreckende Häufung von Pädophilie, sexuellem und pädagogischem Missbrauch Schutzbefohlener durch Priester, wie sie in den letzten Monaten und Jahren ans Tageslicht gekommen sind, bestätigt finden. Man hat die humanwissenschaftlichen Aspekte lange vernachlässigt

(110) Die in das Schlaglicht vollkommener Asexualität getauchte „Heilige Familie" bringt heutzutage die Leute zur Weißglut; vgl. dazu auch Böll (Interview), 54ff
(111) Das 2. Zitat steht zwar im Kontext ehelicher Fruchtbarkeit, charakterisiert aber die Ehe als ganze, da derselbe Abschnitt kurz darauf betont, die Würde der Ehe werde durch Kinderlosigkeit nicht berührt.

bzw in die Eigenverantwortung der Alumnen abgeschoben, in der Hoffnung, schwerwiegende Persönlichkeitsstörungen, sofern vorhanden, würden sich in den Jahren der Ausbildung bis zu den Weihen zeigen. Erkenntnisse der Humanwissenschaften wurden und werden von Verantwortlichen oft nur zögerlich ernstgenommen, weil man traditionell geneigt ist, der Wirkung der „Gnade" mehr zuzutrauen als der „Natur",(112) ja nicht selten gemeint hat, die „Gnade" könne Defizite der „Natur" ersetzen.

Eines der grundlegenden gnadentheologischen Axiome sagt jedoch, die Gnade setze die Natur (i.e. die normal entfaltete) *voraus*, erhebe und *vollende* sie. Eine andere Formulierung meint dasselbe: Dem, der tut, was in seinen (natürlich-geschöpflichen) Kräften steht, versagt Gott die Gnade nicht. Doch nicht ganz selten haben Bischöfe Kandidaten geweiht, von deren Weihe die von ihnen eingesetzten Ausbilder abgeraten hatten. Heute wäre zu fragen, ob die hohen Ideale des Zölibats, einer unausgereiften Persönlichkeit als Zielbilder vor Augen gestellt, nicht oft (in einer signifikanten Anzahl von Fällen) indirekt dazu führen, dass die natürliche Liebesfähigkeit („Anima") unterentwickelt bleibt und/oder alibimäßig marianisch überhöht wird – als Folge der Inflation des Wortes „Liebe" (Liebe „geistig"– „übernatürlich" gemeint) – oder durch Erzielung eines guten, liebenswürdigen Benehmens des Priesters irrigerweise als abgegolten vermutet wird. Zudem: wenn Erzieher die allgegenwärtige „Sexualisierung" der modernen Gesellschaft beklagen (es sei dahingestellt, ob diese Einschätzung das Phänomen richtig erfasst), wird eine Persönlichkeit Reife nicht so erreichen, dass sie zu diesem Phänomen in platte Distanz geht, sondern dadurch, dass sie damit prüfend, „das Gute behaltend" (1Thess 5,21; Röm 12,2), umgeht.

(112) So auch die Kritik bei Pesch, 362ff

11. Priester „in der Person Christi": Eine Formel auf dem Weg zur Karriere ?

Eine weitere Begründung für den Priesterzölibat legt die Kleruskongregation in ihrer 1999 herausgekommenen Verlautbarung über den Priester dar. Der Priester handle „in der Person Christi (als) des Hauptes (der Kirche) (= in persona Christi Capitis)". Diese Aussage wird traditionell inbesondere auf die Rolle des Priesters in der Eucharistiefeier bezogen: Indem er das „sacrificium Christi" darbringt, *handle* er „in persona Christi".(113) Dieses „In der Person Christi"-*Handeln* wird auf die übrige Sakramentenspendung des Priesters ausgedehnt. Schroff juridisch abgrenzend führt die Kongregation dazu aus.

Die Priester „haben die Funktion von Männern, die durch den sakramentalen Charakter dazu berechtigt sind, das Handeln Gottes ... zu unterstützen".(114) Nicht zufällig, sondern ganz traditionell wird hier auf die Funktion von *Männern* abgehoben. Nur Männer könnten „in persona Christi" handeln – für Männer ist das naheliegend. Denn ´Christus` war auch ein Mann. Es war ein Mann, der mit den Jüngern Abendmahl hielt. Und es war ein Mann, der am Kreuz sein Leben „für uns" hingab. Zwar waren auch Frauen in seinem Kreis, aber keine Frau gehörte zu den Zwölfen. Ergo ...

(113) Konst. über die hl. Liturgie Nr.7.33; Konst. über die Kirche Nr. 10.28; Priester-Dekr. Nr. 2; Katechismus der Katholischen Kirche Nr. 1548
(114) Kongr. für den Klerus, Der Priester, 27.- In den orthodoxen Kirchen herrschen weitgehend ähnliche Vorstellungen u. Argumente; doch gab es (und gibt es in Resten) v.a. in ihrem griechischen Bereich den, allerdings unverheirateten, Stand der dem Klerus zugehörigen Diakonissen, die das Pneuma repräsentierten (indes die Priester als Repräsentanten [týpoi] Christi gelten); bischöfliche Weihe-(Handauflegungs-)Gebete erwähnen eigens, Gott habe durch die Geburt seines Sohnes aus der Jungfrau „das Weibliche (Geschlecht) geheiligt": s. Theodorous, 26-49

Doch führt es zu Ungereimtheiten, hier auf der Geschlechtertrennung zu bestehen. Zunächst: Wie meint die Formel „in persona Christi" das Wort „Person"? Zwar ist das Mann-sein Jesu unbestreitbar. Will man aus der (schon dem Mittelalter geläufigen) Formel „in persona Christi" schließen, dass nur Männer dieses Amt ausüben könnten, unterstellt man, dass das Mann-sein (wie umgekehrt das Frau-sein) zur *Person* gehöre. Weiter unterstellt man, dass mit der Person Christi, da Jesus, ein Mann, sich am Kreuz dem „Vater" geopfert hat, auch seine Männlichkeit Heilsbedeutung habe. So scheinen tatsächlich einige zu denken. Sehen wir näher zu. Nach traditionellem Verständnis ist (seit Boethius) *Person* „der unteilbare Selbst-Stand (substantia) eines geistbegabten Wesens", anders ausgedrückt, ist Person das selbständige, freie Aktzentrum aller humanen Akte, der Akte des Erkennens, Wollens, Liebens und Handelns. Alles, was am und im Menschen seinem Selbst vorgegeben und seiner Selbstgestaltung aufgegeben ist, sei es zu Annahme, Ordnung, Steuerung, Beherrschung, Integration – das biologische Profil, Triebe, Emotionalität („Seele"), geistige Begabungen, Gedanken, Phantasie usw –, diese Vor- und Aufgegebenheit nennt man *Natur* (im weiteren Sinne), gleichsam das ´Material` für die Selbstgestaltung.

Man sieht heute, dass dieses ´Material`, die „Natur", schon vor und in Zusammenhang mit der personalen Selbstgestaltung teils von anderen vorgeprägt ist, teils von ihnen laufend mitgeprägt wird. Das heißt, was man die natürliche Vorgegebenheit des Menschen nennt, ist von vornherein auch Kultur: Natur *in* Kultur, keine reine, pure Natur. Menschliche Geschlechtlichkeit – Mann / Frau – ist also eine sowohl biologische wie kulturelle Vorgegebenheit.

Doch ist ein individueller Mensch erst dann „er" oder „sie" selbst, wer aus seinen pluralen Gaben und Anlagen (Talenten) sich selbst gemacht, gestaltet, zu einer Ganzheit geformt hat. Diese lebendige Einheit und Ganzheit (die Unvollkommenes einschließen kann) heißt *Persönlichkeit*.(115) Verheiratete und Ehelose sind also Persönlichkeiten. Nun kommt freilich hinzu, dass die Person nicht bloß gebildet wird durch ein ichhaftes, in sich abgeschlossenes Zentrum, sondern dass sie elementar, von vornherein ausgerichtet ist auf *Du*. Zu jedem Ich gehört elementar ein Du, für das männliche Ich in der Regel ein weibliches Du (zuerst die Mutter). Wenn das Ich nur wird und werden kann am Du, ist die gesuchte, begehrte Einheit von Ich und Du in der Regel geschlechtlich ebenso differenziert wie verbunden. Doch so innig der Faktor Geschlecht mit der Offenheit des Ich zum Du verknotet ist, so gehört er doch zur ´Natur`, nicht zur Person(116), will jedoch wesentlich in die Gestaltung der Persönlichkeit integriert sein. Die Weigerung „der Kirche", Frauen zum Amtspriestertum zuzulassen, scheint, wo man sich auf die Formel „in persona Christi" beruft, zweierlei zu bedeuten: entweder sind Frauen keine Personen (das meint man wohl weniger) oder Priester, „in persona Christi" handelnd, repräsentieren nur die Persönlichkeit (personalitas) Christi. An dieser Frage hängt auch der Amtszölibat: nur wenn mit „in persona Christi" die *Persönlichkeit* gemeint ist, muss der mit Christus „konfigurierte" Priester erstens ein Mann, zweitens – vielleicht – ein Eheloser (?) sein.

---

(115) Scheler, 35ff; Guardini (1950), 88-102; Coreth, 164-169; Splett (1978), 110-137; Lexikon Psychologie, Art. Person; Persönlichkeit 355f
(116) Das gilt auch dann, wenn der biologische Unterschied Mann-Frau „auf eine Polarität im Personalen" verweist, wie Splett es sieht: Freiheits-Erfahrung, 150

Dem steht aber wiederum entgegen, dass der Priesterzölibat nach uralter, im Konzil wiederholter Überzeugung der Kirche „nicht vom Wesen des Priestertums gefordert" wird, wie die Praxis der vormittelalterlichen Kirche und der Ostkirchen bezeugt.

Dann gehört die Ehelosigkeit auch *nicht* zum Wesen des Hohenpriestertums Christi, an dem der Priesterberuf Maß nehmen soll. Dann muss auch das Mann-sein des Hohenpriesters Christus *un*wesentlich sein.

In beiden Ableitungen aus der „Person Christi" – Männlichkeit, Ehelosigkeit – wird das biblische Zeugnis nicht ernst genommen: Mann *und* Frau tragen gemeinsam, aber auch für sich den Würdetitel „Abbild Gottes". Betont doch zudem Paulus, „in Christus" seien alle Schranken (nationaler, sozialer und sexueller Art: Mann-Frau) zugunsten der „Einheit" überwunden (Gal 3,28).

Das besagt auch eine Wiederherstellung oder Bekräftigung der Abbildlichkeit von Mann und Frau durch Gott in Christus. Daher bildet auch ein verheirateter Priester Gottes Schöpfungs- und Heilswillen in Christus ab. Ferner will dieser Hohepriester „auch durch die Laien sein Zeugnis und seinen Dienst fortsetzen", ihnen "gibt er auch Anteil an seinem Priesteramt zur Ausübung eines geistlichen Kultes zur Verherrlichung Gottes und zum Heil der Menschen" (Konst. über die Kirche Nr.34), und sie „wirken kraft ihres königlichen Priesteramtes an der eucharistischen Darbringung mit" (ebd Nr.10). Da hierzu Männer wie Frauen aus der Schar der Gläubigen berufen sind (Kirchen-Konst. Nr.40), kann das Mann-sein Jesu kein Wesens-Teil des Hohenpriestertums Christi sein. Wie vorsichtig man mit der Ana-Logik umgehen muss, zeigt auch ein umgekehrtes Beispiel. Von Verfechtern des Priesterzölibats wird, wie gesehen, Christus gern als Zölibatär par excellence dargestellt.

Dessen Verfechter kommen in Schwierigkeiten mit dem eben (im Konzilstext) genannten, urchristlichen Titel Christi als „Hoherpriester", jenem Titel, den der Autor des Hebräerbriefes für Christus bereithält und erklärt. Ausdrücklich setzt er Christus in Analogie zum Hohenpriester des alttestamentlichen Tempelkultes und will Christus als den endgültigen Hohenpriester begründen (Kap.9). Bezöge sich die Analogie auf die Persönlichkeit des Hohenpriesters, überhaupt auf sein Erscheinungsbild, wäre die Analogisierung des Hebräerbriefs als unstatthaft abzuwehren, denn der Hohepriester des Ersten Bundes war verheiratet (vgl. Heiligkeitsgesetz). Dann würde ein bedeutender Formmangel verbieten, Christus „in persona pontificis (des Hohenpriesters)" zu sehen, wie es der Hebräerbrief tut. Ein Gleiches wäre einzuwenden, falls man sehr darauf insistieren wollte, Jesus habe mit dem Wort vom „Eunuchen" vorzüglich sich selbst gemeint; denn wer ein körperliches Gebrechen wie Eheunfähigkeit an sich hatte, war vom Amt des Hohenpriesters ausgeschlossen (ebd). Der Briefautor meint jedoch in jenen Texten, wo er die Analogie Hoherpriester im Alten Bund – Christus ausführt, jeweils das *Amt* des Hohenpriesters, sein sühnendes *Tun* – darin liegt für ihn der Vergleichspunkt (Hebr 2,17; 4,15; 9,1- 14 usw).

Es ist nur konsequent, dass das Konzil das „in persona Christi" des Priesters auf sein sakramentales *Handeln* bezieht, nicht auf sein Sein, aus der Formel also keine Priester-Ontologie ableitet. „Person" hat somit in Liturgie und Kirche den (ursprünglichen, aus dem Theaterwesen stammenden) Sinn von *Rolle,* hat also keinen ontologischen Sinn, sondern meint die *dramatische* Bedeutung und Funktion des Priesters. Der Priester tut in der heiligen Feier, was Er tat – er *wieder*-holt es in seinem dramatischen Kern.

Der Kern ist die sterbende Hingabe Jesu an den Vater für die Menschen. Hier sind Person und Heils-Akt eins.(117) Dieser Rekurs auf den Heils-Akt = Heils-Person enthüllt alle anderen Aspekte (also auch Mann-sein, Unverheiratetsein) als raum- und zeitgebundene Äußerlichkeiten. Man mag in Frömmigkeit und Askese darüber sinnen, wie ein Priester, der das Tun Jesu, des Christus, nachvollzieht und so vergegenwärtigt, sich Ihm innerlich, moralisch oder, besser, aus Liebe so annähert, Ihm so nachfolgt, dass sein (kultisches und sonstiges) Verhalten Ihm durch Andacht ähnlich wird – eine wesentliche Schranke hat die Theologie schon lange gezogen: auch das Tun eines Priesters, der Ihm so unähnlich wie möglich ist, weil er ein Unwürdiger, Ketzer oder Abgefallener ist, vermittelt der Gemeinde die Heilskommunion mit Christus, sofern er, bei all seiner Unwürdigkeit, objektiv tut, was Er tut. Der Priester mag existenziell, in seiner Lebensführung ein „alter Christus" („zweiter Christus") sein, in der „heiligen Handlung" ist er es nicht, kann er es nicht und braucht es nicht zu sein. Gegenteilige Anstrengung wäre eine vom Mysterium entfernende Mystifizierung des Priesters. Bei der Feier der Eucharistie ist der Priester Christus dann am ähnlichsten, wenn er die überlieferten und vorgeschriebenen Worte und Akte ernsthaft-gläubig spricht und vollzieht – mehr braucht er nicht und mehr an Ähnlichkeit kann es nicht geben (vgl. Lk 24,30ff). Jedes darüber hinaus behauptete oder geforderte Plus an „Konfiguration" des Priesters mit Christus ist ein Produkt barer Phantasie – oftmals auch unevangelischer Furcht.

---

(117) So Ratzinger in seiner Eucharistie-Vorlesung SS 1963 in Münster (Pfnür-Mitschrift, 98). Die Einheit von Person u. Selbsthingabe Jesu an den „Vater", darin an die Menschen, ist der Grund recht verstandener Herz-Jesu-Verehrung.

Für viele (zumal für Skrupulanten) ist das anscheinend nur schwer einsichtig. Im Sommer 2010 wurde im Internet ein Referat verbreitet mit dem Titel „Eine spirituelle Theologie des Zölibats".(118) Der Autor Laurent Touze resümiert darin Gedanken, die er für spirituelle Aspekte des Zölibats hält, ausgehend von der „Person Christi" in Verbindung mit der „Person" des Priesters. Mit Berufung auf Thomas von Aquin hebt er hervor, der Priester nehme besonders bei der Eucharistiefeier „den Platz des Erlösers ein". Das zeige sich darin, dass er die „Wandlungsworte in der Ich-Form spricht". Der heilige JoséMaria Escriva schließe daraus: „Der Priester stellt in der hl. Messe nicht nur Christus dar, er ist dann Christus. Und Christus ist Mann, und er ist zölibatär". Das sind vermeintlich fromme, zugleich abwegige Übertreibungen.(119) Kein Priester nimmt den Platz des Erlösers ein, als ließe sich Christus von ihm verdrängen. Vielmehr behält und behauptet Christus seinen Platz und *bedient* sich des Priesters als seines Werkzeugs. Das hohe Eucharistiegebet ist, wie sein Beginn zeigt, ein betendes Lob- und Dank-Opfer an

---

(118) Publiziert unter Datum vom 31.7.2010 durch das Internet-Portal Kath.net, als „Nachzeichnung der Grundlinien" eines Vortrags, der Anfang März dieses Jahres in Rom gehalten worden sei.
(119) Sie basieren vermutlich auf der allegorischen Erklärung der Mess-Liturgie u. ihrer Gegenstände: die Albe erinnere an das dem gefangenen Christus übergezogene Spottkleid; der Gürtel an den Strick, mit dem er gefesselt wurde; die Stola bedeute die eisernen Halsketten; das Messgewand versinnbilde das Purpurkleid, worin ihn die Soldaten steckten; der geweihte Kelch stehe für Christi Grab wie auch für den Leidenskelch; die den Kelch bedeckende Palla bedeute den Grabstein; das Korporal-Tuch weise auf Christi Grabtuch hin, usw: nach P. Martin von Cochem, Das heilige Meßopfer (von 1698 – Neuaufl. Einsiedeln 1928), 21f. Die symbolistische Konfiguration des Priesters und der Messfeier mit Christus u. seiner Passion drängt auf die ontische Konfiguration u. Identifikation des Priesters mit Christus. Dieser Mess- u. Priester-Symbolismus hat mit dem aus dem Ursprung erneuerten, theologischen Verständnis der Eucharistie (Vat. II) nur wenig zu tun, er steht für geschichts- u. strukturferne, fromme Phantasie.

den „Vater" mit eingelegter Bitte um den Hl. Geist (Epiklese), dass er die Gaben zu Leib und Blut Christi mache – und durch deren Empfang die Gläubigen zum „Leib Christi" – ; „denn am Abend vor seinem Leiden ..." beginnt die anamnetische, quasi wörtliche Rezitation der Worte Jesu beim Abschiedsmahl unter dem Horizont des nahen Todes. Nochmals anders gesagt: Wie Jesus in den Evangelien (zB Mk 6,41 Par; 14,22ff Par; 1Kor 11,23ff; vgl. Lk 24,30), nimmt Christus in der (werkzeuglichen) Person des Zelebranten Brot und Wein und spricht das an den „Vater" gerichtete Lob- und Dankgebet, von dem die sogenannten Wandlungsworte ein kommemorierender Teil sind, so wie der gesamte Ritus kommemorierende Aktualisierung der Hingabe Jesu an den „Vater" und an „euch" (Jünger) in Gestalt der Gebetshandlung ist.

Als solche bewirken jene Worte nichts, sondern sie *offenbaren* den verborgenen Gehalt der betenden Worthandlung Christi (im Munde des Zelebranten), jenen Gehalt, der zusammen mit der Gewährung des Gottesgeistes für die Gaben vom „Vater" gewährt wird. Daher spricht das Konzil an den einschlägigen Stellen vom Priester zutreffend als „Werkzeug" und „Diener" Christi, nicht von Identität. „In persona Christi" meint also, dass alles, was hier ein Priester spricht und tut, er als Werkzeug vollbringt, während Christus – für die Augen des Glaubens – die eigentlich handelnde ´Person` ist, als Mitte der Gemeinde.(120) Christus ist in der heiligen Feier „gegenwärtig" ja nicht nur in Wort und Tun des Zelebranten, sondern wesentlich in den eucharistischen Gestalten, im

---

(120) Jesus Christus, der „ewige Hohepriester", ist „Urheber und hauptsächliches Subjekt dieses seines eigenen Opfers": Kongr. für die Glaubenslehre, „Über einige Fragen bzgl. des Dieners der Eucharistie" (dt. Bonn 1983), 9. Das ist altkirchliches Verständnis, wie es auch von der östlichen Theologie bewahrt wird .

Verkünder sowie im Ausleger seines Wortes, wie in den übrigen Sakramenten.(121)

Daher gehen all jene Ideen, die auf eine „reale Identifizierung Christi mit dem geweihten Priester" (J. Pieper) und des Priesters mit Christus hinauslaufen, am Sachverhalt vorbei und führen zu einer verwirrenden Mystifizierung des Priesters an der falschen Stelle; denn das Mystische des eucharistischen Mysteriums ist der zur Gemeinde kommende, zu ihr sprechende, an ihr handelnde Christus, durch den Gott selbst seine Heilstat gegenwärtig setzt.(122) Teil der Mystik des Mysteriums ist noch die Vollmacht (ordo) des Priesters (mit dem „Prägemal"(123)), nicht sein persönliches Sein und Sosein.

Natürlich soll ein Priester das eucharistische Geheimnis Christi andächtig, würdig, in rechter Gesinnung und mit persönlicher Teilnahme vollziehen, und ähnlich soll seine Lebensgestaltung Dessen, für den er steht, würdig sein. Doch mit der immer wieder anzutreffenden Neigung, den Priester mit der „Person" Christi zu identifizieren, läuft das Ideal der „Konfiguration" des Priesters mit Christus auf die Gleichsetzung von „opus operantis" (Tat des Zelebranten) mit dem „opus operatum" (die von Gott bzw Christus kommende Heilswirkung des Sakramentes) hinaus. Im Hintergrund lauert in der den Priester idealisierenden „Konfiguration" mit Christus auch die theologische Gefahr, Gottes Heilsgabe von menschlicher Aktion und Zutat abhängig zu machen.

---

(121) II. Vat. Konzil, Lit.-Konst.6-7; Katechismus der Kath.Kirche Nr. 1548f
(122) Stets, in aller Verkündigung und Sakramentenspendung, redet und handelt der Priester „ex persona ministri". Daher stellt Thomas von Aquin, der hier einen Unterschied macht (der Priester spende sechs Sakramente „ex persona ministri", die Eucharistie aber vollbringe er „in persona Christi"), einen schiefen Gegensatz auf [J.Pieper (1988), 56]
(123) Dieses „Prägemal" ist ein Dienst-Mal, es meint die dienende Handlungs-Vollmacht des Priesters, soweit er kraft seiner Weihe amtiert: Konst. über die Kirche Nr.10; Dekret Dienst u. Leben der Priester Nr.2 !

Die Einheit des Priesters mit Christus kann nie mehr als eine sogenannte „moralische" sein (gleich, was gewisse Heilige darüber meinen, die ja nicht für ihre theologischen Ansichten heiliggesprochen werden).

Wer allerdings der magisch-volkstümlichen, aber verzerrenden Vorstellung anhängt, es komme überhaupt nur auf die sogenannten Konsekrationsworte an und der Priester müsse, damit das Wunder der Wandlung geschehen könne, zuvor (kraft der Weihe) gleichsam selber in Christus verwandelt werden, damit jene Worte gültig und wirksam seien, er entbinde so deren erlösende Macht, wer solche oder ähnliche Vorstellungen pflegt, kann von der Sorge besessen sein, der handelnde Priester müsse persönlich auch sonst (Mann, Zölibatär) der Persönlichkeit Christi so weit wie möglich auch äußerlich gleichen.

Noch immer neigen kirchliche Verlautbarungen über Priester dazu, seine Person von der mitfeiernden Gemeinde zu isolieren, indem sie deren „gemeinsames Priestertum" ausblenden. Sie betonen die Konfiguration des Priesters mit Christus, ohne mit einzubeziehen, dass auch die anderen Christen zur Konfiguration mit Christus berufen sind (Röm 8,29 [lat. *conformes*]; Kol 3,10; vgl. 1Joh 3,2 – Gen 1,26f). So wird die Unterscheidung des Amtspriestertums „dem Wesen, nicht bloß dem Grad nach" vom gemeinsamen Priestertum trennend, statt komplementär verstanden. Vermutlich spielt hier un- oder halbbewusst immer noch die westliche Fixierung des Priesters auf die ´Macht` der ´Wandlungsworte` herein, die der Struktur der Eucharistiefeier nicht gerecht wird, die jedoch einer Art ´Zölibatsmystik` entgegenkommt.

Der Anschluss an die östliche Theologie, die den Kontakt mit der Kirchenväter-Theologie reiner bewahrt hat, führte im 2. Vatikanischen Konzil zu *Re-Formen* im allegorisch verfeierlichten Liturgie- und Kirchenverständnis. Gegen Rückfall-Tendenzen kann folgende Klarstellung des orthodoxen Theologen Paul Evdokimov (offizieller Konzils-Beobachter) als Korrektiv bezüglich der Aufgabe des Priesters in der Eucharistie dienen:

Der Priester erbittet vom „Vater der Lichter" die Sendung des Geistes, auf dass der Sohn erscheine ... Für den Osten ist Christus der einzige wirkliche Priester ... Der hl. Johannes Chrysostomus sagt es sehr klar: „Wir, wir haben die Rolle von Dienern; der, der heiligt und verwandelt, ist Er". Und weiter: „Der Priester breitet die Hand über die Gaben erst aus, nachdem er Gottes Gnade angerufen hat .., es ist nicht der Priester, der irgendetwas bewirkt ..., es ist die Gnade des Geistes, seine Flügel darüber ausbreitend, die das mystische Opfer vollbringt ... Im Einklang mit dieser Auffassung identifiziert sich der Priester nicht mit Christus, er spricht nicht die Worte aus „Das ist mein Leib" in persona Christi, sondern er identifiziert sich mit der Kirche und spricht in persona Ecclesiae und in nomine Christi. Damit die Worte Christi, kommemoriert durch den Priester, die göttliche Wirkung gewinnen, ruft der Priester in der Epiklese den Heiligen Geist an. Aus den Worten der Anamnese „er nahm Brot ... reichte es seinen Jüngern .. mit den Worten: Das ist mein Leib" macht der Heilige Geist die epiphaniale Anamnese, bekundet das Eingreifen Christi selbst, der die vom Priester ausgesprochenen Worte mit seinen eigenen Worten identifiziert, so die Feier der Eucharistie mit dem heiligen Abendmahl identifiziert, und dies ist das Wunder der Wandlung (metabolè), der Verwandlung der Gaben.(124)

Es lohnt auch, daran zu erinnern, dass „Christus" nur in der Grammatik ein Mann ist, nicht in der Theologie. „Christus" ist, ebenso wie „Herr", Hoheitstitel, den der historische – insoweit männliche – Jesus *nach Tod und Auferstehung empfängt.*

---

(124) Evdokimov, 102ff (eig. Ü)

Wenn, nach Paulus, „in Christus" alle Unterschiede (auch Mann-Frau) aufgehoben sind, kann man Christus, den zur Rechten des Vaters Erhöhten, nicht zum „Mann" par excellence hochstilisieren. Dabei darf auch die Inadäquatheit theologischer Gottesrede nicht vergessen werden. Das gilt auch für die verwendete Symbolsprache.

In Touzes Referat heißt es weiter.

„Wenn Christus sich als der Bräutigam des als Braut gesehenen Volkes erweist, ist es mehr als angebracht, dass sein Repräsentant ein erkennbares Zeichen des Bräutigams ist, also ein Mann sein muss, der nicht an eine andere ´Braut` gebunden ist – ganz besonders in dem herausragenden bräutlichen Akt, der die Messe aufgrund des österlichen Mysteriums ist".

Bedenken wir zunächst, dass diese Sätze symbolische Rede sind, die eine Metapher verwenden. Darauf zu achten ist gerade darum wichtig, weil sie eine Begründung für den Priesterzölibat geben sollen. Ein Symbol lässt sich nie 1 : 1 mit einem Sachverhalt gleichsetzen. Schon Papst Siricius beachtet das nicht, wo er in einem Ende des 4. Jahrhunderts verfassten Brief die Kirche benennt, „deren Bräutigam er (der Herr Jesus) ist (cuius sponsus est)". Das Irreführende liegt in dem identifizierenden „ist". Eine Metapher überträgt ein Bild aufgrund von Analogie auf eine entfernte, oft un- oder übersinnliche Wirklichkeit – hier auf Gott bzw. den „Sohn". Wie bei Jesu Gleichnissen muss dabei das „tertium comparationis" bestimmt werden. Eigentlich will man sagen, dass Gottes Liebe in Christus zu seinem Volk so innig, exklusiv, endgültig und treu sei *wie* im Verhältnis eines Bräutigams zu seiner Braut. Hier liegt keine Identifikation vor, sondern eine Analogie. Daher betont das IV. Laterankonzil (von 1215), dass zB Einheit unter Menschen und Einheit der Dreieinigkeit verschiedenen Ordnungen angehören, ähnlich wie die Vollkommenheit, die Menschen aufgetragen ist, „so wie der himmlische Vater vollkommen ist" (Mt 5,48), zwei analoge, jedoch verschiedene Wirklichkeiten meint: „denn zwischen Schöpfer und Geschöpf lässt sich keine Ähnlichkeit benennen, ohne dass zwischen ihnen eine noch größere Unähnlichkeit notiert werden muss". Die Analogie ist nicht verstanden, wenn man von der (jeder) Messfeier als „dem herausragend bräutlichen Akt" (Christi) spricht. Zudem muss man an die Wechselhaftigkeit biblischer Bilder denken. Ihren Urhebern war bewusst, dass keine Analogie allein den *ganzen* Sachverhalt trifft.

So bezeichnet zB der Prophet Hosea (in Kap.1-3) Israel als „Frau" (wo es den Bund hält) und den Bundesherrn (Gott) als Israels „Mann"; sofern es den Bund bricht, nennt er es „Ehebrecherin", ja „Dirne", und die ´Kinder Israels` „Dirnenkinder". An anderer Stelle (Kap.11) gebraucht der Prophet die Analogie „Mutter-Vater" (für JHWH) und „Sohn" (für Israel). Die Grenze der Analogie wird ausdrücklich da erreicht, wo in „Mutter-Vater" sich die Strafwut gegen den treulosen „Sohn" wandelt in das Sich-erbarmen-müssen, „denn Ich bin JHWH (Gott), nicht ein Mann ('isch), heilig in deiner Mitte". Auch wenn sie bei Paulus fehlt, könnte man das Verhältnis Gottes zur Kirche auch in die Metapher Vater-Sohn (im Anschluss an Lk 15) fassen: „in Christus" gleicht das Gottesvolk (ecclesia semper reformanda) dem heimkehrenden „Sohn", den der „Vater", freudig erregt, in die Arme schließt und über die verlorene Würde hinaus erhöht. Wer ängstlich an einer einzelnen Metapher klebt, wird zu dem Missgriff verleitet, aus der Metapher eine Gleichung zu machen. Deswegen ist auch das Bemühen schon methodisch abwegig, aus einer einzelnen Analogie das Mann-sein-müssen und die Ehelosigkeit des Priesters abzuleiten.

Beides sind Bildelemente, nicht Vergleichspunkt (innigtreue Liebe Gottes). Das Konzil lehrt (im Ökumenismus-Dekret) zudem, die „Braut" Kirche nicht exklusiv mit der römisch-katholischen Kirche gleichzusetzen ...

Diese Spur ist daher kein gangbarer Weg, um den ausnahmslosen Priesterzölibat plausibel zu machen.

Auch die Forderung, Priester sollten „Zeichen" sein, kann den ausnahmslosen Zölibat nicht leicht begründen.

Als Priester – so das Konzil - „weisen sie auf jenen geheimnisvollen Ehebund hin, der von Gott begründet ist und im anderen Leben ins volle Licht treten wird, in welchem die Kirche Christus zum einzigen Bräutigam hat. Darüber hinaus sind sie ein lebendiges Zeichen der zukünftigen, schon jetzt in Glaube und Liebe anwesenden Welt, in der die Auferstandenen weder freien noch gefreit werden" (Priester-Dekret Nr. 16).

Es soll sich, wird hier erklärt, der Priester, dem „die Kirche" per Gesetz auferlegt, „weder zu freien noch gefreit zu werden", als „Zeichen" begreifen, nämlich als jemand, der mit dem bewussten (gebildeten) Teil seiner Persönlichkeit schon in der himmlischen Welt angekommen ist.

Wenn man Priester zu „Zeichen" erklärt, bleibt freilich stets die Frage: für wen? Die zitierte, vom Konzil formulierte Sinngebung des Zölibats-Zeichens kann in dieser Form nur auf Gläubige mit biblischer Antenne zutreffen. Auch haben die von der Neuzeit geprägten Gläubigen erfahrungsgemäß größte Probleme mit der biblischen Bildsprache, die im Kontext naturwissenschaftlich-technisch geprägter Kultur zudem obsolet klingt – jede(r) Katechet(-in) weiß es. Ein „Zeichen", das als Zeichen verstanden wird, muss aber unmittelbar und unkompliziert verstehbar sein. Dass dies beim Zölibat längst nicht mehr der Fall ist, zeigen die Reaktionen zahlloser Gemeinden: wenn ein rühriger und akzeptierter Pfarrer irgendwann eine „Beziehung" eingeht, wird sie oft von der Mehrheit toleriert, sogar begrüßt. Mit anhaltendem Unverständnis jedoch begegnen viele Gemeinden der Hierarchie, wenn ein Pfarrer wegen einer dem *Ideal* widersprechenden Bindung von seinem Amt suspendiert wird und er – immer häufiger – vom Bischof personell nicht ersetzt werden kann. Bei solchen Gelegenheiten wird den Gemeindechristen allzu oft klar: oberstes Gesetz (suprema lex) ist nicht – wie das Kirchenrecht behauptet – die Seelsorge (cura animarum), sondern der Zölibat.

Der Zölibat wird in solchen Fällen zwar als „Zeichen" verstanden, aber Zeichen nicht für die „Liebe Christi" zu seiner „Herde", wie es offiziell heißt, sondern für die Härte von „Ober-Hirten", die wenig Seel-*Sorge* erkennen lässt, und für die kontraproduktive Auswirkung ihres Gesetzes. Auch als „Zeichen" für die Welt kann der Priesterzölibat kaum mehr dienen. Denn die Welt als „Welt" kann die heilszeitliche Bedeutung des zölibatären Zeichens nicht oder nur von fern erfassen. Sie reagiert aber auf das vermeintliche Zölibat-Zeichen nicht achselzuckend, sondern mit Unverständnis und Abneigung, weil in ihr aus jahrhundertelanger Erfahrung das Gefühl lebt, die Kirche sei ihr bis heute den *überzeugenden Beweis* schuldig geblieben, dass sie die Liebe zwischen Mann und Frau – zumal die körperliche Liebe, das sexuelle Begehren, die Lust – *nicht* (wie antiker Dualismus) für etwas Ungutes, Sündiges bzw. zur Sünde Führendes hält, sondern für etwas Gutes, Gottgewolltes. „Die Welt" glaubt auch, die klerikale Verdächtigung der Sexualität als Gefälle hin zu Sünde sei leicht erklärbar aus dem geheimen Neid frustrierter Zölibatäre. Sie würde diese (durch Diskussionen kaum erschütterbare) These als faktisch widerlegt ansehen, wenn es Priestern freigestellt wäre, zu heiraten oder ehelos zu bleiben (der Weg der Früh- und Ostkirche, Anglikaner, Protestanten), oder wenn wenigstens auch verheiratete Männer, zumal bei Mangel an Zölibatären, die Priesterweihe empfangen würden, wie von vielen schon lange gefordert.

Nicht zuletzt darf man fragen, weshalb der Priester überhaupt ein „Zeichen", das heißt, ein *zusätzliches* „Zeichen" sein soll. Als Priester muss er ja kein Zeichen sein; wenn er eines ist, dann nur ein sekundäres Zeichen.

Gegenüber den Heilszeichen (Sakramenten), die er zu vollziehen beauftragt ist, hat er primär die Funktion eines „Werkzeugs" (wie auch das Konzil formuliert). Die eigentlichen Heilszeichen sind die Sakramente; von ihnen ist die Eucharistie das Zeichen kat` exochen: Das Hochgebet mit den Segensworten über Brot und Wein, mit Epiklese, sowie Brot und Wein selbst als Zeichen – im engeren Sinn – für die (mystische) Eingliederung der gläubig Feiernden in den „Leib Christi"; im weiteren Sinn ist die gesamte Mess-Liturgie inklusive des dem Hochgebet vorangehenden Wort-Gottes-Teils *das Zeichen par excellence*. Dieses Zeichen (und das gilt abgestuft auch für die anderen sakramentalen Zeichen) nimmt in Raum und Zeit ja eine beachtliche Breite ein. Hinzu kommt der zeichenhafte Schmuck des Kirchen- und Altarraums, die zeichenhafte liturgische Gewandung u.a.m. Das Kirchengebäude selbst hat als Sakralbau in den meisten Fällen schon äußerlich Zeichencharakter.

Eine Fülle von Zeichen weist in zunehmender Dichte auf das Christus-Mysterium hin. Männlichkeit und Ehelosigkeit erscheinen in diesem Kontext als nebensächliche, entbehrliche Zeichen, zumal die Ehelosigkeit des Priesters als solche in den verschiedenen Bereichen der zeichenhaften Heilsfeier gar nicht sichtbar wird, so aber in diesem Kontext gar keine Zeichenfunktion übernimmt. Und die Hände des Priesters sind rein (jungfräulich) schon durch die Handsalbung der Priesterweihe, sodann durch Hände-Waschung (Lavabo, seit 4. Jh, mit Bezug auf Ps 24,3f!) vor dem Hochgebet und nach der Kommunion-Austeilung (Bischof; Konzelebration).

Für die Reinheit von Herz und Händen beim Priester ist also (bei nicht-skrupulöser Betrachtung) schon genug Sorge getragen. Dass „die Kirche" für den Priester noch zusätzliche Aspekte von „Zeichen" benötige, ist aus diesem Zusammenhang kaum begreiflich zu machen.

Dass ab dem 4. Jahrhundert das Argument hervortrat, Priester, die (wie es später heißt) „in persona Christi" handeln, sollten auf sexuelle Aktivität verzichten, hatte – wie schon angesprochen wurde – nicht innerchristliche, sondern historisch-politisch-psychologische, vorchristliche Gründe. Als damals die breite Masse begann, in die Kirche einzuströmen, verstärkte sich bei Gemeinden und Verantwortlichen das Bedürfnis, das Mysterium des Glaubens, die Scheu und die Ehrfurcht vor dem Heiligen zu betonen. Eines der kulturell schon vorgegebenen Mittel war die Abgrenzung jener Christen von der Masse, die kraft Amtes/Status` einen engeren oder vertrauteren Kontakt zum Heiligen haben. Mit der Konstantinischen Wende benötigte das Christentum einen eigenen Stand von Priestern (sacerdotes = wörtlich: die das Heilige tun), d.h. von Personen, die – wie im vorchristlichen Rom – auf Lebenszeit bestellt waren, über rituelle und sakralrechtliche Kompetenzen verfügten, amtseigene Kollegien von Männern bildeten und als „hervorragende Männer" (viri illustres: bei Konstantin) jenseits der grauen Volksmenge standen. Da das Alte Rom überzeugt war, das Staats- und Gemeinwohl hänge von der Gunst der Götter (als unsichtbar-höchsten Mitbürgern des Staates) ab, die diese gewährten, wenn die Opferriten pünktlich, pflichtmäßig genau und gewissenhaft vollzogen wurden. (125) ist es naheliegend, dass sich diese Denkweise im atmosphärischen Kontext auf die Christen ´vererbte`: dass es galt, aufs Genaueste um die Gunst des Christus – und der von ihm repräsentierten Gottheit – besorgt zu sein, indem man eifrig und möglichst vollständig die Züge seiner Personalität und Aktivität (an zentraler Stelle sein Opfer [sacrificium] an den „Vater") wahrnahm, übernahm, sich aneignete und überdies bemühte, seine (möglichen oder erratbaren) Wünsche zu erfüllen.

Dazu schien sich u.a. auch eine Äußerlichkeit – sein Unbeweibtsein – zu eignen. Hereinspielen mochte hier noch der Umstand, dass man früher die *flamines*, die Jupiter-Priester (mit Gemahlin), im Erscheinungsbild – nach einer Darstellung Plutarchs – wie heilige Abbilder des Gottes, nämlich wie seine lebendigen Statuen, quasi „Doubles", wahrnehmen sollte.(126)

Fazit: Die Einfügung des katholischen Priesters in den „In-persona-Christi"-Komplex ist ursprünglich anscheinend nicht biblisch-christlich motiviert (der Rückgriff auf die priesterliche Reinheit im AT ist sekundär), sondern entspringt allgemein religiösen Quellen und psychologischen Beweggründen, wie sie im spätrömischen Reich aktuell waren. Was die Ehelosigkeit des Priesters betrifft, so scheint sie, wenn man ihr Aufkommen (als Forderung) im Rahmen der Wandlungen seit dem 4. Jahrhundert erwägt, aller sogenannten spirituellen Begründung zuvor, eher eine an die „sacrificium (Opfer)"-Idee und an die Sacerdotalisierung (Ver-Priesterlichung)

---

(125) Näheres bei Chadwick, 184-201; 302-318; Brown (1993), 21-65; Scheid, 67-98
(126) Vgl. Scheid, 94f

des kirchlichen Christentums angehängte, antike Reminiszenz zu sein, ähnlich ´konservativ` bewahrt wie die spätrömische Kleidung (als heilige Gewänder) und verteidigt wie die „viri illustres" Konstantins (Eigenstand als hierarchische Vollmacht).

Was die Gegenwart angeht: In einer Gesellschaft, die hohe Scheidungsraten aufweist und die single-Existenz weit verbreitet ist, ist ein Zölibatär kein „Zeichen", er ist, im Gegenteil, ein Nicht-Zeichen. Er fällt gar nicht auf, sondern fällt unter den Plausch der Leute, die sich darüber unterhalten, wer alles in der Nachbarschaft „single" lebt. Aufmerksam und nachdenklich werden sie nur, wo jemand aus freien Stücken einen Teil seiner Lebenszeit und seines Lebensglücks für andere, für Randexistenzen verbraucht. Oder wo zwei Menschen erkennbar und spürbar den Beweis antreten, dass sie zusammengehören, zusammenhalten, trotz Problemen und Konflikten an der Treue und Liebe zueinander festhalten: da wird heutzutage eine *Ehe, die hält,* zum *Zeichen* (für eine Kraft von woandersher), nicht aber die Ehelosigkeit von Priestern, von denen jedermann denkt: Die armen Kerle dürfen ja nicht heiraten ... (aber ´hintenherum`...)

Zwar wird der Priester amtlicherseits gemahnt, er dürfe, auch wenn er als lebenslänglich Eheloser leben müsse, nicht die Existenz eines „single" führen. Da wird ein pejorativer Begriff von „single" gebraucht. Doch knüpft sich an das Stichwort *single* eine Perspektive, die über die eines bloßen Verzichts (auf gelebte Sexualität) hinaus reicht.

12. *Zölibat und Gemeinschaft*

Eheleute suchen und erfahren, je länger je mehr, ihre Ehe als *Gemeinschaft,* Lebens-Gemeinschaft. Sie stützen sich wechselseitig geistig, seelisch, körperlich, halten zusammen – wie sie es versprochen haben – „in guten und schlechten Tagen", helfen einander über die großen und kleinen Hindernisse des Alltags, tragen Schönes und Schweres gemeinsam (in den meisten Fällen). Ehepartner, die durch Trennung, Scheidung, wegen Krankheit oder Tod des Anderen allein stehen, geraten alsbald in enorme Schwierigkeiten, mit ihrer neuen Lebensform fertig zu werden. Ihnen ähnelt das Lebensproblem des zölibatären Priesters. Er hat ja „keine Hilfe, die ihm entspricht" (Gen 2,20), ist mit seinem pastoralen Auftrag, aber auch in der konkreten Lebensbewältigung in und vor den vielen Systemen und Subsystemen der modernen Gesellschaft auf sich allein gestellt. Wenn er kein ´Hans-Dampf-in-allen-Gassen` ist und nicht, wie in früheren Zeiten, mit einer leiblichen Schwester, einer Nonne oder Haushälterin eine Art Haus- und Lebensgemeinschaft aufbauen kann, muss er neben Seelsorge, Gottesdiensten und Terminen aller Art die tagtäglichen Aufgaben, welche die Subsistenz ihm stellt, allein bewältigen, was sehr zeit- und kraftraubend ist. Von dem Ideal, ehelos lebende Priester hingen Christus „leichter ungeteilten Herzens an", könnten sich „freier ... dem Dienst für Gott und die Menschen" schenken, „ungehinderter seinem Reich" dienen (Priester-Dekret Nr.16), bleibt dann kaum mehr etwas übrig. Im Gegenteil, mit einer Partnerin an der Seite würde er sich leichter tun, sich „leichter" und „freier" dem Dienst „um des Himmelreiches willen" widmen.

Die zahlreichen Schicksale von Priestern (und folgerichtig von Gemeinden!), die, vom Alleinsein zermürbt, verkümmern, resignieren, dem Alkohol oder anderen Ersatzbefriedigungen verfallen, sind zur Genüge bekannt, und selten ist Hilfe und Heilung zur Stelle. Nun fordert ja das kirchliche Amt vom Zölibatär nicht das Alleinsein und Alleinleben. Man erklärt ihm – zB in „Pastores dabo vobis" –, seine Familie sei die Pfarrgemeinde. Aber das sind weltferne, aus einer abstrakten Christus- und Brautmystik abgeleitete Postulate, die durch Errichtung von Seelsorge-Einheiten, die mehrere Gemeinden umfassen, ad absurdum geführt werden. Das 2. Vatikanische Konzil legt den Priestern nahe, gemeinschaftlich zu leben, und das Kirchenrecht empfiehlt es auch (Dekret Hirtenaufgabe der Bischöfe nr.30; CIC Can. 275 §1; 280). Jedoch sind bei dieser Empfehlung die Bedürfnisse der zölibatären *Menschen* kaum im Blick; wie der Wortlaut klarstellt, geht es um die größere Wirksamkeit der Seelsorge, den „Aufbau des Leibes Christi" und das „Beispiel der Liebe und der Einheit" für die Gläubigen.

Einmal mehr hat es den Anschein, als sei das kirchliche Amt nicht in der Lage, Anliegen, Bedürfnisse und Nöte der *Menschen* in den Priestern wahrzunehmen, ernstzunehmen und auszudrücken. Der Mensch und das Menschliche in den Priestern verschwindet mit und unter der idealisierten Berufspflicht, und deshalb – das zeigt die Nachprüfung – verschwinden heute auch die Priester ... Indessen sollte die Geschichte der ehelosen Lebensform in der Kirche zu denken geben. Der biblische Glaube ist ja Gemeinschafts-Glaube. Von daher verwundert es nicht, dass in der Spätzeit des Alten Testaments wie in der Frühzeit der Kirche Menschen, die aus Glaubensernst aus der Menge ´ausscherten`, weil sie u.a. ehelos leben wollten, sich zönobitisch (gemeinschaftlich) zusammentaten (Eremiten waren Ausnahmen) und damit die späteren Kloster- und Ordensgründungen inspirierten.

Dort, wo Priester genötigt waren, ehelos zu leben, taten auch sie sich mit ihresgleichen zusammen, „wie aus einer der Ehelosigkeit innewohnenden Notwendigkeit",(127) aber auch deswegen, weil nach biblischem Verständnis *die Gemeinschaft* glaubt und der einzelne, der glaubt, in der glaubenden Gemeinschaft mit-glaubt. Die christliche Zukunftshoffnung ist ja auf die eschatologische *Heilsgemeinschaft* unter dem Licht Gottes gerichtet (Apk 21,23f). Sie zeigt auf, dass der genitale Aspekt der innigen, liebevollen Begegnung zwischen Menschen nur Anfang, Vorstufe ist zu einer neuen, offeneren, umfassenden, nicht weniger tiefen Begegnung und Beziehung zwischen Menschen. Der Verzicht – aus Berufung! – auf die sexuelle Begegnung, gelebt in der anormalen Gemeinschaft von Ehelosen, will bezeugen, das Reich Gottes sei schon mitten in der vergänglichen Welt angekommen (Mk 1,15; Lk 11,20 u.ö.) und seine Kraft wirke schon in die Todeszone voraus. „Der in Gemeinschaft gelebte Zölibat ist so das ´Sakrament der Begegnung`", der Kommunion der Menschen mit Gott und untereinander (Matura, 113f).

In anthropologischer Wendung besagt das: Sexualität bedeutet im Tiefsten die „Hinordnung des Menschen auf ein Du ..., befreit ihn von seiner Isolation und öffnet ihn einem Du, um im Du sich selbst finden zu können". Ehelos lcbcn auf gesunde geistliche Weise kann er nur, „wenn er in guten menschlichen Beziehungen lebt", zumal weil „der Wunsch nach Lieben und Geliebtwerden,

---

(127) Matura, 28-35; Kardinal Martini: „Der Zölibat... ist äußerst anspruchsvoll u. setzt tiefe Religiosität, eine gute Gemeinschaft u. starke Persönlichkeiten voraus, v.a. aber die Berufung zur Ehelosigkeit": Martini/Sporschill 114f

nach Freundschaft und Intimität" urmenschlich und unverzichtbar ist.

Daher ist es eine Lebens- und Überlebensfrage auch für zölibatäre Priester, dass sie durch Freundschaften vernetzt sind (wie nicht wenige große Heilige und spirituelle Meister), beziehungsweise den Spiegel, die Hilfe und den Schutz einer Gemeinschaft genießen.(128)

Doch sind auch die Grenzen zölibatärer Gemeinschaft nicht zu verkennen: Was Menschen, selbst aus der Dynamik des Glaubens, beginnen, stellt sich am Ende höchstens als halber Erfolg heraus. Auch wenn der ehelosen Lebensform der Zug ins Universale innewohnt, muss sich die konkrete Realisierung hart begrenzen, innerhalb wie außerhalb der konkreten Gemeinschaft.

Die Zahl der Mitglieder ist begrenzt und in der Regel auf das gleiche Geschlecht beschränkt. Häufigkeit und Tiefe der Begegnungen der Mitglieder werden durch Zeit und Raum, Gebet und Arbeit gezügelt und durch natürliche wie kulturelle Schranken und Spannungen behindert. Wenn man realisiert, dass auch Ehepartner zur Ganzhingabe an Gott gerufen sind, entdeckt man, dass die Ehe gegenüber der ehelosen Lebensform Vorzüge hat.

Mag eine zölibatäre Gemeinschaft die Universalität menschlicher Begegnung deutlicher zum Ausdruck bringen, so sind christliche Ehepartner berufen, in ihrer Ehe das Zeichen für die Innigkeit, Leidenschaftlichkeit, Exklusivität und Treue der Gottes-Liebe zu leben – weshalb die biblische Offenbarung für das Verhältnis Gottes zu seinem Volk das Bild von der Ehe, von Liebe und Eifersucht des Bräutigams wie von Treue und Untreue der Braut als das adäquatere Symbol dem Bild der Ehelosigkeit vorzieht.

---

(128) Vgl. Grün, 19f. 45-53. Für Benedikt XVI. („Licht", 177) machen Priestergemeinschaften den Zölibat „lebbarer".

Die Gemeinschaft von Ehelosen jedoch, die, statt den gatten- und familienhaften Typ, eher den Typ freundschaftlicher oder geschwisterlicher Bindung verkörpert, ist quasi „verdammt zum Evangelium": wird ihre Beziehung zum Evangelium schwach, routiniert, formal, erleidet die Gemeinschaft mit ihrem christlichen Umfeld irreparablen Schaden (Matura, 115-121).

Hat aber nun die Gabe der Ehelosigkeit per se den ursprünglichen Sinn, als gemeinschaftlich gelebtes Charisma die Liebe Gottes in solidarischer Menschenliebe nach innen und außen zu bezeugen (aller menschlichen Schwäche zum Trotz) – weil eben die Ehelosen im Ansatz Liebende sind, die von der (Gottes-) Liebe zuerst zur Ehe, dann über diese hinaus zu anderen Menschen getrieben werden –, ist dieses Charisma in vielen Priesteramtskandidaten nur schwach ausgeprägt: ihr Primärmotiv ist es nicht, die Ehe in Richtung auf universale Liebe zu transzendieren, sie wollen vielmehr das – von der Tradition primär sakramental begründete – katholische Priestertum realisieren in irgendeiner Art von Gemeinde. Das Charisma der Ehelosigkeit strebt aus sich heraus – da sein Urmotiv Liebe ist – in Gemeinschaft, will sich realisieren in Gemeinschaft. Den zum Zölibat genötigten Priestern wird aber das Leben in Gemeinschaft durch Konzil und Kirchenrecht lediglich empfohlen – zwecks wirkungsvollerer Seelsorge, nicht aber, weil die – ihnen unterstellte – Gabe der ehelosen Lebensform zuinnerst danach drängte. Priester sollen eben die echten Charismatiker, mehrheitlich in Ordensgemeinschaften lebend, lediglich nachahmen und deren Lebensform ´anziehen`. Die vita communis unter Priestern ist, obwohl als nützlich empfunden, nur ein Nebenthema ihres Berufs, dessen Neigung zu überlastenden Anforderungen zusammen mit der Abhängigkeit von Personalbedarf und Personalpolitik des Bischofs die Gemeinschaftserfahrung, auch wo sie in Wohngemeinschaften versucht wird, von vornherein stark fragmentiert, oft konterkariert.

Das Argument, Priestersein heiße doch Liebe, das Hohepriestertum Christi sei doch ein anderer Begriff für Gottes Liebe in Christus, hilft da nur wenig(en), weil diese abstrakte Einsicht nur über gedankliche Serpentinen erreicht wird und die affektiven Kräfte der Priester zu wenig mobilisiert. Oder anders: auch ihr Vorrat an affektiver Energie ist endlich, weil ihr Energie-Konto immer wieder – meistens berufsbedingt – ins Minus gerät. Zwar gibt es erfahrungsgemäß einige, die – oft nach vielen Jahren – sich mit dem ihnen zugemuteten Zölibat versöhnen, indem sie ihn als für ihre seelsorgliche In-Anspruch-Nahme verträglich, zumindest nicht störend, erkennen. Vielen anderen bleibt dies verwehrt, weil ihre persönlichen und pastoralen Kräfte vom Zölibat behindert, statt genährt werden. Sie und ihre Arbeit zögen aus der – beiden entsprechenden – Hilfe einer Gefährtin mehr Energie. Stattdessen werden sie von höherer Instanz gern ermahnt, sie sollten, wenn sie unter dem Zölibat litten, sich erinnern an vergleichbare Schicksale von Menschen, die trotz Suche keinen Lebenspartner gefunden hätten, oder deren Partner(in) früh krank oder gar verstorben sei.

Derartige – immer wieder aufgelegte – Vorschläge an Priester, die vielfach keine originäre Zölibatsberufung erfahren haben, ähneln endlosen Reparaturversuchen an einem chronisch reparaturanfälligen Werkstück („Pfusch am Bau"), dessen Ausgangsmaterial wenig konsistent, eben brüchig, war. Es macht wenig Sinn, die verbreitete Kritik am Zölibat auf das Konto von Glaubensschwäche zu setzen. Das ist eine Bumerang-Behauptung; trifft sie nämlich zu und kann man Glaubensstärke nicht einfach befehlen oder zur Willenssache erklären, empfiehlt eine „glaubensschwache" Situation dringend, das vermeintliche, zölibatäre „Zeichen" nur sparsam zu setzen, da es seinen Sinn und Zeichencharakter eben aus der Triebkraft der Glaubensstärke bezieht. Die tatsächliche Situation in repräsentativen Teilen der katholischen Welt ist erfahrungsgemäß vielfach so, wie die folgende Beobachtung sie beschreibt:

Viele Priester verlassen den Priesterberuf, und die kleine Zahl derer, die ihn noch ausüben – deren Alter oft über das des Ruhestands hinaus ist – müssen den Dienst an mehreren Pfarreien leisten, auf eilige und verwaltungsmäßige Weise.
Viele unter ihnen, sowohl in Europa wie in der Dritten Welt, leben im Konkubinat unter den Augen, mit Wissen und oftmals Billigung ihrer Gläubigen, auch ihres Bischofs, der nichts dagegen vermag – angesichts des Priestermangels.(129)

Warum ist das so? Man mache sich einmal klar, wie die meisten Priesterberufe entstehen:

Der junge Mann, der den Gedanken fasst, sein Beruf könne das Priestertum sein, hat das Berufsbild in der Regel unmittelbar vor Augen in Gestalt eines Pfarrers (oder Ordenspriesters).

Er erlebt seine Gottesdienste, Ansprachen, seelsorglichen Einsätze (zB Jugendarbeit, Katechese, Krankenbesuche, sozialkaritative Aufgaben, Bau-Tätigkeit, Gremien, Pfarrfeste usf).

Auch wenn der Pfarrer (Priester) seit dem Konzil (später aufgrund des Priestermangels) mehr als früher etliche Bereiche eher leitet, als sie persönlich auszuüben, ergibt sich für den

---

(129) Das Zitat, von mir übersetzt, entstammt dem französich verfassten Brief von Henri Boulad SJ an Papst Benedikt XVI. vom Juli 2007, der ohne Antwort blieb und zwei Jahre später veröffentlicht wurde. Frz. Text nach Culture et Foi > Textes critiques > Lettre personelle au Pape Benoit XVI.: SOS pour l`Eglise d`aujourd`hui. In einem mit Dekan Stockinger (Bruchsal) geführten, ins Internet gestellten Interview erklärte Boulad zum Weltpriester-Zölibat, es gebe ihn ja erst seit dem 11. Jahrhundert, und nur im Westen. Das erscheine ihm keine „zwingende Voraussetzung" für den Priesterberuf; im Orient seien verheiratete Priester gang und gäbe (3.7.2010)

jungen Mann das Bild eines vielfältigen, verantwortungsvollen, mit zahlreichen menschlichen Kontakten verbundenen Berufs.

Den Zölibat nimmt er hingegen nur indirekt, begleitend wahr: eben als einen ´Priester-Mangel`, d.h. als etwas Fehlendes am Erscheinungs- und Berufsbild des Priesters: anders als bei sich zu Hause und fast überall, fehlen jenem eine Familie: Ehefrau, Kinder. Ob der Zölibat nun als kultisch oder eschatologisch, als ökonomisch oder der Christus-Form angemessen begründet wird, ändert nichts an dem nur indirekten Zugang zu seinem Inhalt für Interessenten am Priesterberuf. Hinzu kommt: Auch viele Jüngere spüren, dass die offiziellen Argumente *pro caelibatu clericorum* nicht zwingend, sondern löchrig sind, und wissen, wie seit jeher auch von traditionell Denkenden zugestanden, dass der Zölibat auch abschaffbar ist.

Nur soviel soll hier deutlich werden: dank seines positiven Erscheinungs- und Erfahrungsbildes kann der Priesterberuf junge Menschen direkt anziehen und sich als mögliche Berufung empfehlen, was für den mit dem Beruf gekoppelten Zölibat, als zusätzliche, negative Forderung, in der Regel nicht gilt. Die ortskirchlichen Instanzen haben es daher bei der überwiegenden Zahl der Bewerber von vornherein mit Männern zu tun, die Priester werden möchten, nicht aber mit solchen, die vom Ehelosen-Stand angezogen werden (es sei denn, sie wären geborene „ singles" oder anders begründete Ausnahmen), dessen Inhalt ihnen erst nach langen Jahren des Studiums – und vorwiegend theoretisch – bewusst wird.

13. Freiheit und individuelles Charisma

In den letzten Jahrzehnten wird von Bischöfen häufig auf die bedauerlich hohe Scheidungs-Rate bei Pfarrerehen in den evangelischen Kirchen Mitteleuropas als Argument gegen die Aufhebung des Zölibats verwiesen.
 Dabei wird unterstellt, die katholische Kirche würde dieses Problem mit der Zulassung von Priesterehen automatisch erben. Doch dieses Argument ist weniger plausibel als sein Anschein. Die so reden, scheinen bei sich stillschweigend zu denken: Da Gott sich in Jesus gegen die Ehescheidung ausgesprochen hat, kann er das Risiko protestantischer Scheidungsraten bei Pfarrern der katholischen Kirche nicht wollen. Also *schenkt* er uns – der katholischen Kirche – den Zölibat und dafür auch die Gnade. Mit dem Zölibat sind wir also auf der ´sicheren Seite`.
 Das Thema hat aber noch einen anderen Aspekt: außer bei Notstand für die Allgemeinheit können nach modernem Rechtsverständnis Grundrechte der Person nicht verweigert oder eingeschränkt werden. Zu diesen gehören nach der Allgemeinen Erklärung der Menschenrechte u.a. das Recht auf persönliche Freiheit, Gewissensfreiheit, Meinungsfreiheit, freie Berufswahl, Schutz vor willkürlichen Eingriffen in die Privatsphäre (Artt.3.12.18.19.23). Artikel 16 erklärt das Recht auf Heirat und Familiengründung ohne Beschränkung aufgrund von Rasse oder Religion.[130] Die zur Personwürde gehörige Freiheit des Menschen, die eigene Lebensform zu wählen (bei Trauung von ehewilligen ´Laien`-Christen wie vor Gelübden der Ordensleute selbstverständlich positiv wie negativ geprüft gemäß CIC Can. 219), wird im Fall von

---

[130] Der Vatikan ist kein Mitglied der UNO, hat folglich die UNO-Menschenrechtserklärung nicht formell ratifiziert.

katholischen Priestern, auch angehenden, anders als in der Ostkirche als sekundär erachtet und hintangestellt.

Oberstes Gebot für Paulus, auch wenn er selbst es vorzieht, unverheiratet zu sein, ist die Respektierung des Charismas der anderen, ihrer Freiheit und Selbsteinschätzung: es sei besser zu heiraten, als sich in Begierde zu verzehren (1Kor 7,7f). Er ordnet sogar für „alle Kirchen (Gemeinden)" an, jeder solle so leben, „wie es der Herr zugemessen" habe (7,17.24). Er tut es, obwohl er in Erwartung des nahen Zeit- und Weltendes lebt (1Kor 7,26.29ff) und daraus leicht hätte einen Grund herauslesen können, um die Christen von der Ehe abzuhalten. Zwar schärft er ihnen ein, die Zeit sei kurz und die Art dieser Welt vergehe. Doch zieht er daraus nicht die Konsequenz, Christen müssten auf Heirat verzichten, keine Geschäfte mehr tätigen, sich nicht mehr des Lebens freuen, sondern ruft auf zu einer *inneren* Freiheit gegenüber jenen Dingen, die der Art (dem *schema*) dieser vergänglichen Welt zugehören (1Kor 7,29ff). Die angezogene Passage ist ein Musterbeispiel dafür, wie der Apostel den Gläubigen zwar rät, ihre eigene Entscheidungsfreiheit aber unbedingt achtet. Erwartung des nahen Endes der Zeit ist auch Hintergrund für den Satz am Anfang seiner Erörterung: „Es ist gut für einen Mann, eine Frau nicht zu berühren" (7,1).

Paulus antwortet hier auf eine Anfrage seiner Gemeinde (der Satz ist vielleicht Zitat), wo sich anscheinend zwei Gruppierungen gebildet hatten: eine „freizügige" (oder amoralische) mit Berufung auf den Hl. Geist, und eine asketische, gleichfalls mit Berufung auf den Geist. In der letzten Gruppierung war anscheinend bei einigen vom Geist Erfüllten die Frage aufgekommen, ob man – als Verheiratete(r) – in dieser Endzeit nicht Enthaltsamkeit üben oder gar, als junger, lediger Mensch, erst gar nicht heiraten solle.(131) Für Menschen, die hier und jetzt so fragen, hat Paulus spürbar Sympathie (7,7), dennoch enthält er sich sehr bewusst-realistisch des Versuchs, seine eigene Ehelosigkeit in Korinth zum Maßstab zu machen oder durchzusetzen (was ja, wenn die Geschichts-Zeit weiterginge, sinnlos wäre). Zu genau weiß er um die Unterschiedlichkeit der Charismen. Doch sorgt er sich um die Versuchbarkeit der Christen und will darum lieber, dass jede(r) (hékastos, hekáste) seine Frau / ihren Mann habe (7,2).

Die Respektierung des individuellen Charismas wird von Rom zwar verbal-formal gewahrt, da offiziell verlautet, künftige Priester müssten *auch* die Berufung zur ehelosen Lebensform mitbringen. Faktisch ist das aber eher, wie früher gezeigt, eine Schutzbehauptung: Man weiß vielmehr, dass in der Praxis seit je die Zahl der Priesterberufe dominiert, welche die Zölibatsberufung nicht mitbringen, wie auch die oft wiederholte, nachdrückliche Ermahnung zeigt, Gott um Beständigkeit und Treue im Zölibat inständig zu bitten. Was die meisten Bewerber mitbringen, ist also lediglich der gute Wille, die eigene Geschlechtskraft im geforderten Maß zu beherrschen.

Der gute Wille ist – der gute Wille, kein Charisma. Mehr kann man auch nicht erwarten und verlangen, weiß „die Kirche" mit dem Konzil doch seit je, dass das ehelose Leben „nicht vom Wesen des Priestertums selbst gefordert" ist, wie die Praxis der frühen Kirche und ostkirchliche Tradition zeigen, wo es selbstverständlich „auch hochverdiente Priester im Ehestand gibt" (Priester-Dekret Nr. 16). Darin mitgemeint sind die kleinen, unierten Ostkirchen sowie die Erkenntnis, dass man, trotz

---

(131) Wendland, 54f; Vögtle, 82-87; Baumert, 29ff

anderslautender eigener Disziplin, gültige Ehen zu respektieren habe (wie im Falle übergetretener, verheirateter Pastoren und Priester aus anderen Kirchen, die ihre priesterliche Sendung fortsetzen wollen und sollen).

Dennoch wird das Priesteramt heiratswilligen Priestern entzogen, werden am Zölibat zweifelnde Kandidaten zur Weihe nicht zugelassen. Das ist sachlich nicht erklär- und vermittelbar, weil man offiziell einräumt, Ehelosigkeit gehöre *nicht* zum *Wesen* des Priestertums, und „hochverdienten Priestern im Ehestand" (wie in der Ostkirche) das verdiente Lob spendet. „Diese Heilige Synode ... ermahnt" gar diese verheirateten Kleriker „voll Liebe", ihrer priesterlichen Berufung treu zu bleiben „und weiterhin mit ganzer (!) Hingabe ihr Leben für die ihnen anvertraute Herde einzusetzen" (Priester-Dekret ebd).(132)

Offiziell wird so zugestanden, dass auch verheiratete Priester ihren Dienst mit *ganzer* Hingabe versehen können und versehen. Erfahrung und ökumenischer Realismus lassen ehrlicherweise auch keine andere Interpretation zu. Damit ist auch der gern zitierte „wasserklare Gedanke" (von Balthasar) des Paulus (1Kor 7,32-34) relativiert, Verheiratete seien „geteilt" (zwischen Hingabe an Gott und Hingabe an den Mann/die Frau). Daher zieht man sich amtlich jetzt vorsichtig zurück auf die These, ungeteilte Hingabe an „die Sache des Herrn (tà tou kyríou)" (1Kor 7,32.34) falle Unverheirateten „leichter" als Verheirateten (Kirchen-Konst. Nr.42; Priester-Dekret ebd). Doch hängt auch dies vom Eheverständnis der Eheleute ab (Ehe als Sakrament!), nicht zuletzt von der Frau, die bei einem verheirateten Priester das Bemühen des

---

(132) Obwohl oft so geredet wird, ist es nicht möglich, Gott nur halb oder geteilt zu lieben, sondern nur aus ganzem Herzen (Dtn 6,4f; Mk 12,30); niemand kann zwei Herren dienen (Mt 6,24) – ungeachtet der Lebensform: Knauer, 826

Mannes, mit Christus konform zu gehen, teilen können muss, sowie vom sonstigen Umfeld.

Amtlicherseits geht man unter diesen Umständen gern auf ein formales Argument zurück: Unabhängig von der Begründung und deren Einsichtigkeit habe jede Institution, jedes Unternehmen das Recht, Auswahl-Prinzipien für die Annahme von Beschäftigten und Bewerbern aufzustellen – für die lateinische Kirche sei es eben der Zölibat.(133) Formal kann man dem nicht widersprechen. Eine Firma könnte auch Absonderliches festlegen – zB nur U 40 - Mitarbeiter beschäftigen zu wollen oder nur 4-Arbeits-Tage (mit entsprechender Lohn-Obergrenze) anzubieten – , soweit die Auswahlbegrenzung sittlich und rechtlich zulässig ist. Doch müssen Auswahlkriterien sinnvoll und gewichtig sein im Hinblick etwa auf Arbeitsqualität, Produktivität, Marktchancen oder ausschließenden Inhalt haben, wenn die Leistung eine bestimmte physische Konstitution oder entsprechendes Ausbildungsniveau erfordert. Von alldem kann, nach dem bisher Dargelegten, beim Zölibat als Auswahlkriterium nicht die Rede sein. Mit dem Festhalten am ausnahmslosen Zölibat als Auswahl-Kriterium fährt das Unternehmen „Katholische Kirche" inzwischen riesige Verluste ein und kämpft am Markt der Religionen, Missionen und Weltanschauungen vielerorts bereits um seine Existenz. Und man weiß es aus Theorie und Erfahrung: Gott springt nie dort ein, wo der Mensch seine eigene Leistung nicht bringt oder unter seinen Möglichkeiten bleibt. Der Zölibat mag für die Augen theologischer Ästheten sich dem Ideal des

---

(133) Obwohl Gegner des Pflichtzölibats, respektiert Schillebeeckx (1985; 298) dies formale Argument und meint, gegen den Amtszölibat sprächen nur 2 Gründe: er verdunkle das Charisma der Ordensberufe; er verletze „das Gnadenrecht der christlichen Gemeinde auf Vorsteher und auf die Feier der Eucharistie" (vgl. Kirchen-Konst. Nr.37; CIC c. 213).

Priesterberufs schön anschmiegen – in der harten Realität des kirchlichen Existenzkampfes ist er – als obligatorisches Auswahlkriterium – nur noch teurer Luxus.

Weiter ist zu bedenken: Ein Mensch kann zwar grundsätzlich auf eigene Grundrechte (nicht auf die anderer) zugunsten einer Aufgabe (zB Leistungssport, Karriere, Expedition) vorübergehend oder auf Dauer verzichten. Wenn er jedoch nach einiger Zeit feststellen muss, dass er den Verzicht auf jenes Grundrecht nicht länger aufrechterhalten kann, muss das Recht der Person vor das Sach-Interesse treten.(134) Im Interesse der Sache mag er dann von jenen Obliegenheiten entbunden werden, die an den Verzicht gebunden waren. Es kann aber nicht angehen, dass er dann, statt in einem anderen Bereich beschäftigt zu werden, gefeuert wird und als Arbeitsloser vor dem Nichts steht, zumal wenn er nichts anderes gelernt hat oder zu alt ist, um am Arbeitsmarkt eine Chance zu haben. Vom Zölibat heißt es in der Kirchen-Konstitution, dass mit seiner Hilfe als Gottesgabe jemand „sich leichter ungeteilten Herzens ... Gott allein hingibt" (Nr.42).

Hier ist die Rede von der allen zugedachten Spiritualität oder (traditioneller ausgedrückt) der persönlichen Vervollkommnung, die dem Zölibatären „leichter" falle. Wenn auch der Priester gehalten ist, nicht weniger als andere Christen, vielleicht sogar mehr als sie, nach persönlicher Heiligkeit zu streben – mit seinem Amt hat dies, aus der Nähe betrachtet, wenig zu tun. Als Dekan, als leitender Pfarrer einer Pastoraleinheit, als Vikar, Kooperator, Subsidiar, als zuständiger Priester für einen

---

(134) Der Kanonist Heimerl argumentiert, „Kontingenz u. Geschichtlichkeit des Menschen" legten es nahe, „die Revision einer Entscheidung" (etwa zum lebenslangen Zölibat) „nicht auszuschließen"; „eine Gesetzgebung, die mit einer (nicht absoluten) Dauerverpflichtung rechnet", könne aber „durchaus gerecht sein" (aaO, 15).

Kategorialbereich usf steht er im multiplen Dienst der kirchlichen Institution, die sich selbst mit ihren Gliederungen, Abteilungen, Subsystemen und Kategorien nicht einfach mit dem ankommenden Gottesreich gleichsetzen kann. Derartige Identifikationsversuche kommen zwar immer wieder vor, doch reagiert das gesunde gläubige Volksempfinden (der „sensus fidelium") erfahrungsgemäß ´sauer` auf solche Bestrebungen.

Die Priester haben folglich weitgehend Sachaufgaben im Dienst der Kirche (nicht einfach schon Gottes) zu erledigen, wo sich ihre Tätigkeit von jener der ´Laienchristen` anforderungsmäßig und inhaltlich nicht unterscheidet (man sollte die Arbeit eines Pfarrers am Computer nicht mystifizieren). Im Vergleich dazu nimmt ihr Einsatz in Gottesdienst und Seelsorge stark ab. Es ist schwer zu sehen, weshalb der Entschluss eines Priesters, zu heiraten (weil die Verzichtleistung über seine Kraft geht), mit den durchschnittlichen Anforderungen an einen ortsgebundenen Pfarrer heute nicht kompatibel sein soll. Das Wohl der Person ist wichtiger als die Sache.

Man muss einräumen, dass auch für die Ehe abträgliche Zeugnisse von Frauen und Kindern evangelischer Pastoren bekanntgeworden sind: der Partner / Vater sei zu sehr von der Gemeinde absorbiert (gewesen). Es gibt also Probleme (aber auch das Gegenteil!) bei Pfarrer-Ehen (wie bei anderen absorbierenden Berufen); das Argument, der katholische Priester würde sie vielleicht seiner Ehe, Familie von vornherein zumuten (so I.F. Görres), ist nicht ohne Logik. Doch plädieren wir hier nicht für eine Ehepflicht, welche die Zölibatspflicht ablösen solle. Man begegnet ja auch unverheirateten Priestern und Pfarrern in anderen Glaubensgemeinschaften. Aber wenn sich Unverheiratete mit Gottes Sache nur „leichter" tun, wie rechtfertigt die Heirat eines Priesters dann den Entzug des Amtes, die eines Kandidaten die Nichtzulassung zur Weihe – zumal in Zeiten sich zur Katastrophe entwickelnden Mangels an Priestern? Wenn in östlichen Kirchen „hochverdiente Priester im Ehestand" sind, warum starrt man dann auf westlicher Seite bei Zölibatsdebatten nur auf Scheidungsrisiken? Warum sucht man nicht im gleichen Umfang nach Beispielen „hochverdienter" Seelsorger im verheirateten Klerus dort, die auch Gründe und Bedingungen erkennen ließen für menschlich-geistlich tragfähige Ehen?

Als Tatjana Goritschewa 1980 die Sowjetunion verlassen musste, bezeugte sie die geistliche Kraft von Mönchen, von priesterlichen Starzen und Beichtvätern der russisch-orthodoxen Kirche. Sie zitierte einen dieser weisen Geistlichen, der nach einem schwierigen Bekenntnis Ratsuchern zu sagen pflegte: „Ich muss noch darüber beten und mich mit der Matuschka beraten". Das nächste Mal werde er Ratschläge geben, wie die Suchenden ihr Leben geistlich ändern, vertiefen könnten.(135) Allerdings muss ein verheirateter Priester mit seiner Frau auch die Familiengründung im Blick auf das Ehe-Wohl, das der Kinder, die beruflichen Erfordernisse „im Angesicht Gottes ... selbst fällen" (vgl. Konst. Kirche in der Welt Nr. 50).

---

(135) Goritschewa, 43; ein Bischof der koptisch-unierten Kirche Ägyptens erklärte mir vor Jahren, ohne verheiratete Priester könnte er die Seelsorgsaufgaben seiner Diözese bei weitem nicht erfüllen. Bei der röm. Bischofssynode 2005 erklärten Repräsentanten der melkitischen Kirche, bei ihnen seien Priesterberuf und Ehestand fest verbunden: „und wir sind auch katholisch" (zit. nach Vogels, in Geist und Leben 1/2006, 649)

14. Um die Zölibatspflicht: Zerreißprobe oder Neubesinnung?

Die wohl überlegten, aus langer Erfahrung kommenden Argumente für eine neue, differenzierte Betrachtung und Lösung der Zölibatsfrage treffen, wie die Erfahrung zeigt, bei nicht wenigen der angesprochenen Verantwortlichen auf deutliche, auch zu unsachlicher Reaktion neigende Animosität. Man spricht von einem „Reizthema", empfindet auch begründete Zweifel am Zölibatsgesetz als „Versuchung". Stimmen und Argumente gegen den (ausnahmslosen!) Priesterzölibat werden häufig ignoriert, deren Gründe nicht bedacht, sondern pauschal zurückgewiesen. Man wiederholt offizielle Begründungen, als wären sie kritikimmun. Leitungsorgane stellen die Ohren oft nur auf Durchzug. Ein Bischof, einen anderen Bischof konternd, behauptete vor einiger Zeit, das Zölibatsgesetz sei „jetzt und in Zukunft unabänderlich" – und übrigens sei zu dem Thema „alles schon einmal und von allen gesagt worden". Man kenne die Argumente, erwidern die Gegner jeglicher Änderung, sie lägen ja alle auf dem Tisch – und da liegen sie noch heute herum (sofern sie nicht längst in den Papierkorb abgeschoben wurden).[136] Argumente gegen das Zölibatsgesetz werden meist per Machtspruch (nicht selten arrogant) beantwortet.
In seinem 1. Gründonnerstags-Brief an die Priester (1978) bekräftigte Papst Johannes Paul II. die geltende Zölibatspflicht mit einem „tieferen" und „ausgewogeneren"

---

(136) Ein Aperçu beschreibt provokant einen Typus, dem kein denkender Kopf gleichen möchte: „Der Mensch hat einen gewissen Ideenvorrat in sich; er findet, es sei daran genug und er geistig vollkommen ausgestattet. Da er nichts vermisst, was über seinen Horizont geht, richtet er sich endgültig mit diesem Vorrat ein. Das ist der Mechanismus der Verstockung" (Ortega y Gasset). Gegenteil ist (nach Thomas v. A.), Belehrbarkeit (docilitas) als Teil der Klugheit.

Verständnis, das erreicht werde, „indem wir uns von den verschiedenen Einwänden freimachen, die schon immer – und so auch heute – gegen den priesterlichen Zölibat vorgebracht werden". Obwohl er sich von den Einwänden „freigemacht" hatte, behauptete der Papst anschließend: „Doch entspricht keines der Motive, mit denen man uns zuweilen davon zu ´überzeugen` sucht, dass der Zölibat nicht mehr angebracht sei, der Wahrheit, die die Kirche verkündet". In der Tat: meditiert man die offiziellen Begründungen des Amtszölibats ohne kritische Lupe, scheint die Angemessenheits-Logik nicht unplausibel, klingt nach theologischem *goût* und Sinn für dekorative Details. Ihre Teile scheinen einander zu bestätigen, was man dankbar genießt, wenn man sich selbst – schwer genug – zum Zölibat einmal ´durchgerungen` hatte. Doch sollte die Anteil nehmende Hirtensorge an den vom Pflichtzölibat ausgelösten Schicksalen Einzelner und – schwerer wiegend – vieler Gemeinden eine andere Reaktion möglich machen. Manche Leute allerdings liefern statt Argumenten nur Polemik: Als der Vorsitzende der Bischofskonferenz eines Landes wegen der Priester-Not eine Öffnung des Zölibatsgesetzes forderte, fragte man aus der traditionalistischen Ecke zurück: „Hat er schon eine?[137] Menschen haben leider die Fähigkeit, Argumente nicht zur Kenntnis zu nehmen, einer selbst als dringlich deklarierten Anfrage auszuweichen und den Anfrager zu verunglimpfen. Der Wille zu oder gegen etwas ist meist stärker als die Vernunft. Ein in die Öffentlichkeit gelangtes, lästiges Thema wird einige Wochen

---

(137) Traditionalisten-Kommentar über einen kath. Priester, der wegen des Zölibatsproblems in der evangelischen Kirche seinen Dienst weiterführt: „Der Zölibat hat eine wichtige Funktion: Er eliminiert auch Mietlinge, denen der Glaube fehlt, um katholische Priester zu sein". Eine eindimensionale Aussage, Zeugnis von Menschen verachtender Bosheit.

lang ignoriert, ´ausgesessen`, bis dessen Wortführer ermüden und andere Themen Aufmerksamkeit erzwingen.
Trotz der seinerzeit begrüßten konziliaren Neuorientierung („Zeichen der Zeit"!) denken viele in der Hierarchie noch immer – oder wieder – ungeschichtlich und anti-evolutiv („Nichts Neues unter der Sonne" – „die Menschen bleiben sich immer gleich"). Hinzu kommt zum einen, dass man generell Veränderungen scheut, und zum anderen, dass Menschen (hier: Priester) für sie schwierige, sogar untragbare Situationen individuell handhaben und individuelle Auswege suchen, sodass negative Zölibatsschicksale nur schwer auf einen eindeutig-klaren, soziologischen Nenner zu bringen sind (weshalb man amtlicherseits mit Vorliebe von – statistisch irrelevanten – „Einzelfällen"(138) redet). In der römischen Zentrale dürfte man geneigt sein, die zölibatären Krisensymptome, wie schon früher, zu ignorieren, es auf Skandale, Amtsniederlegungen und Suspendierungen hie und da einfach ankommen zu lassen, welche, als „schmerzliche" ´Einzelfälle`, keine Neu-Orientierung benötigen, da ja die grundsätzlichen Antworten „für alle Fälle" schon ´ewig` in den Schubladen bereit liegen, um sie von Fall zu Fall in Erinnerung zu rufen.

Über diese „grundsätzlichen Antworten" des Amtes empfing ein international angesehener Arzt und engagierter Christ, Berater der Hierarchie bis in den Vatikan, den folgenden Eindruck:
Kirchliche Verlautbarungen lassen im Ton nicht selten jene Sensibilität vermissen, die heute Eltern für den Umgang mit ihren Kindern für notwendig halten.

---

(138) Dies tun leider auch die Verfasser der an sich guten Arbeitshilfe ZÖLIBAT, wo sie unter dem Stichwort „Zwangszölibat" behaupten, nur „einzelne" stünden vor der „unglücklichen Alternative" Partnerschaft oder Priesterberuf, nur „einzelne" nähmen also, wo sie sich für letzteren entscheiden, den Zölibat nur in Kauf (S.19)

Hinzu kommen mangelnde Differenzierung und ungenügende Güterabwägung. Fehlt die Sensibilität, reagieren Erwachsene nicht anders als Kinder mit Ablehnung oder gar Aggression(139)

In vielen Beobachtern setzt sich zudem der Eindruck fest, in Rom und auf etlichen Bischofsstühlen schenke man in Hinsicht auf das Konzil immer mehr den Verdächtigungen, Invektiven und inquisitorischen Aktivitäten der Traditionalisten Gehör. Mit einer „Hermeneutik der Kontinuität" wird das Traditionelle in den Konzilstexten hervorgehoben, indes die Neubesinnungen und Aufbrüche darin als bloß „pastoral", als damals probierte, inzwischen angeblich als unheilvoll erwiesene, pastorale Deutungen und Experimente ein- und zurückgestuft werden. Dabei gerät in Vergessenheit, dass Papst Johannes XXIII. in seiner Ansprache zur Eröffnung des Konzils die Teilnehmer eigens aufrief, „freudig und furchtlos an das Werk zu gehen, das unsere Zeit erfordert", und es als abwegig bezeichnete, „in erster Linie einige Hauptpunkte der kirchlichen Lehre zu behandeln und die Lehre der Väter wie der alten und neueren Theologen weitläufig zu wiederholen, denn ... für solche Disputation musste man kein Ökumenisches Konzil einberufen". Auf derselben Linie liegt, dass man bei Gelegenheit die zitierten, den Priesterzölibat bekräftigenden Passagen des Konzils in Erinnerung ruft, aber verschweigt, dass diese Texte gar nicht Ergebnis freier Erörterung und Abstimmung des Konzils wie andere Texte sind, weil eine Zölibatsdebatte ˋhöchstrichterlichˋ unterbunden worden war. Deshalb braucht es auch nicht wunderzunehmen, dass die oben untersuchten, neueren Argumente für den „mehr als angemessenen",

(139) Von Eiff, 101

ausnahmslosen Priester-Zölibat sich bei näherer Erwägung als inkonsistent herausstellen. Sie wurden und werden ja nicht formuliert, weil sie eine möglichst objektive, unbefangene Einsicht in wirkliche Sachverhalte bezeugen wollen, sondern sie wurden erdacht, um eine gewollte Position zu festigen und gegen Einwände möglichst abzusichern. Mit kritischem Blick auf die altgriechischen Sophisten vermerkte *Hegel*, „dass man durch Gründe alles beweisen könne, sich für alles Gründe und Gegengründe finden lassen", weil der dialektisch Gebildete auch in der „schlechtesten Handlung" oder Unterlassung einen positiven Gesichtspunkt finden, hervorheben, und so seine Sache verteidigen kann; nur der Ungebildete habe Mühe, auch „für das Schlechteste gute Gründe" zu finden. Auch *Rahner* (1971, 186) weiß, dass „die räsonierende Vernunft, wenn man sich einmal insgeheim für etwas entschieden hat, auch immer die nötigen Argumente dafür liefert". Man kann sich fragen, ob man es bei den oben betrachteten „Gründen" für den Pflichtzölibat – da sie offensichtlich darauf angelegt sind, die Zweifler zu beeindrucken, zu ´überreden` und die Gegner zu ´bearbeiten`, sie durch Überhöhung des Sachverhalts ins „Allerheiligste" mundtot zu machen –, ob man es also bei jenen Argumenten nicht in Wirklichkeit mit einer kirchlichen Spielart der Sophistik zu tun habe, der es nicht auf Erkenntnis, Sach- und Menschen-Gerechtigkeit ankomme, sondern auf Durchsetzung eines Willens. Dann wäre der heutige Konflikt um den Pflichtzölibat insoweit, was die Ausgangslage betrifft, nicht wesentlich verschieden von jenem im Hochmittelalter. Im Vergleich zu damals ist allerdings die Situation der Kirche in der Welt, die Frage ihres Ansehens und ihrer Akzeptanz bei den Menschen, eine grundlegend andere (so auch I. Illich). Eine Selbstberuhigung der Verantwortlichen beim Status quo der Zölibatsfrage dürfte vielerorts die Existenz der Kirche selbst gefährden.

Allerdings muss man auch mit einer alten, verfestigten Gewohnheit einer Reihe von kirchlichen Entscheidungsträgern rechnen, mit der Gewohnheit nämlich, jede Kritik am hergebrachten Status quo von Denk- und Verlautbarungs-Haltung sowie Disziplin reflexartig als entweder feindselige oder verständnislose Kritik am eigenen, d.h. göttlichen, Sendungsauftrag zu werten: als voraussehbares Schicksal der Kirche, die „in Angleichung an ihren göttlichen Stifter ´zum Zeichen des Widerspruchs` (Lk 2,34) wird", woran im umstrittenen Rundschreiben „Humanae vitae" zugunsten der eigenen Position erinnert wird (Nr.18). Zumal innerkirchliche Kritik stellt in der Regel ja nicht diesen Auftrag in Frage, sondern bezweifelt mit Gründen, dass in der gerade vorgelegten, aus Deduktionen und Applikationen gezogenen ´Lehre` tatsächlich jene „Angleichung" an den ausdrücklichen Willen des „göttlichen Stifters" oder an Sinn und Geist seiner Botschaft oder seines Handelns geschehe. Die Kontingenz kirchenamtlicher Stellungnahmen und Maßnahmen wurde zB durch die nachträgliche Zulassung des kopernikanischen Weltbilds (1822) und Rehabilitierung Galileis (1993) bis zur Lächerlichkeit offensichtlich. „Bei den Themen ... Leben und Liebe ... können wir auf keinen Fall so lange warten" (*Martini/Sporschill*, 108). Wer weiß ...? Zeit der Orden? (Metz) – und *Zeit der Kirche* ?

Die Situation wird durch eine andere Beobachtung noch erschwert: Teile der heute aktiven Priestergenerationen, wie neue Generationen sonst auch, reiben sich in nicht wenigen Punkten an den älteren (Konzils-) Generationen und trotzen deren Erfahrungen, Einschätzungen und Beschlüssen. Die Reformen des Konzils trafen damals eine für sie fast weltweit günstige Atmosphäre an, wurden auch dort, wo man Details noch nicht kannte, wie die Erfüllung eines überfälligen Desiderats willkommen geheißen. Die heute in vielen Jüngeren (Bischöfen, Priestern, frommen Laien) dominierende Gefühls- und Bewusstseinslage neigt zu Bewahrung, Vorsicht, Misstrauen; sie haben die Alten im Verdacht, sie hätten, wie der „Hans im Glück", borniert-bequemlich-kurzsichtig Gold und Brot der Tradition eingetauscht in Steine.(140) Dieser den Generationenkonflikt schürende Trotz könnte sich später aber auch als fatale Vogel-Strauß-Haltung herausstellen.

Die oft beklagte „Verdunstung des Glaubens" und die pastorale Not gebieten den Mut zu unkonventionellen Lösungen. Nur eine davon, aber eine bedeutsame, wäre die Zulassung auch verheirateter („bewährter") Männer – neben unverheirateten („bewährten"!) Männern – zum Priesterberuf. Ist der obligatorische (Priester-) Zölibat tatsächlich ein so „kostbares Gottesgeschenk", wie ständig versichert wird, läge es nahe, ausgehend von der derzeitigen Not-Situation der Kirche die Probe darauf zu machen. Ist der Zölibat wirklich die dem Priesterberuf angemessenere Form und gottgewollt, so würde, sobald die aktuelle pastorale Not überwunden und befriedet ist, der Zölibat von künftigen Priestern zunehmend als die angemessenere Form gewählt werden und sich wenigstens

---

(140) Das Märchen „Hans im Glück" verwandte schon Ratzinger (1971, Vorwort) als Anfrage an die theologische Arbeit des Konzils.- Der Pfarrer von Riedböhringen berichtet (Mai 2010), er habe bei Führungen durch das Museum (Geburtshaus) von Kardinal Bea, Ökumene-Pionier des Konzils, vor Besuchern häufig das Konzil zu verteidigen.

zahlenmäßig auf Dauer gegenüber den verheirateten Klerikern durchsetzen.

Denn das Gottgewollte wird, nach der Weisheit des Gamaliel, sich auf Dauer durchsetzen, das rein menschlich Gewollte sich dagegen auflösen; anders zu denken, würde darauf hinauslaufen, sich gegen Gott zu stellen (Apg 5,38f). Um den gegenwärtigen und für die nähere Zukunft voraussehbaren Bedarf der Gemeinden an Seelsorgern zu decken, sowie – in einer weithin säkularisierten, religiös ungebundenen Gesellschaft – den österlich-pfingstlichen Missionsauftrag der Kirche wahrzunehmen, wird man auch an Priester denken müssen, die (wie teilweise in der Ostkirche) diesen Dienst nicht vollzeitlich versehen (können), sei es, weil sie noch einen anderen Beruf ausüben (wie Paulus!), sei es, weil sie Familie haben, sei es, weil sie – als junge Ausgebildete – bereit sind oder wären, für ein pastorales Vollengagement eine Reihe von Jahren ehelos zu bleiben. Warum sollten Priesterberufungen nicht auch aus Gemeinden (bzw Seelsorgseinheiten) und *für* Gemeinden kommen, zB bewährte, geeignete ´Ehrenamtliche` mit der Gabe des „sensus ecclesiae"? Natürlich müssten hier Ausbildungsschwerpunkte überlegt, gegebenenfalls andere Wege der Finanzierung aufgetan und die Bereitschaft erkennbar werden, auf Kontrolle mittels finanzieller Abhängigkeit zu verzichten (zugunsten von auf Kooperation gestütztem Vertrauen). Das „Verschwinden des Priesters" herkömmlicher Art, zumindest das herbe Schrumpfen der bisher benötigten Anzahl auf abzählbare Restbestände geht in Richtung Entklerikalisierung und bietet die Chance, gewissenhafter hinzusehen, wo und wie die Charismen – das eine (Priesterberuf) oder andere (Zölibat) Charisma oder auch beide zusammen – sich zeigen, und zu überlegen, wie diese Entdeckungen zum Wohl der Gemeinden und der ganzen Kirche fruchtbar werden können. Wenn das „Seelenheil" wirklich, wie behauptet, oberstes Gesetz des Kirchenrechts und des Denkens der Letztverantwortlichen wäre, dürften solche Alternativen nicht von vornherein als abwegig verworfen werden.

Es müsste vielmehr gefragt werden, was der Heilige Geist den Gemeinden sagt (Apk 2,7.11. u.ö.), was *er* im „Kairós" der gegenwärtigen Krise anbietet, welche ja nicht nur Krise ist, sondern auf einen (Struktur-) Wandel hindeutet.

Allerdings wird man gut daran tun, es für möglich zu halten, dass die Kirchenkrise nicht – jedenfalls zunächst nicht – rational und zukunftsweisend gemanagt werden wird, sondern eher irrational oder, präziser, „reptilienhaft", nämlich vom Stammhirn („Reptiliengehirn") her, das einen Satz genetisch bedingter Überlebenstechniken und -reaktionen aufweist, wie unbewusstes Handeln, Emotionslosigkeit und reflexhaft-automatische Reaktionen. Es sind Primärreaktionen, die in der gesamten Gesellschaft und in ihren einzelnen Systemen und Subsystemen vorkommen – wie sollten sie den Menschen der Kirche fremd sein? In jedem Gesellschaftssystem treten immer wieder neue, unbekannte Situationen und Problem-Konstellationen auf, wie jetzt in der katholischen Kirche Europas: krasser Rückgang von Taufen, von Priesterberufen, zunehmende Verwaisung etablierter Pfarreien, starke Abnahme „aktiver" Christen in den Gemeinden („Aktive" oft im einzahligen Prozentbereich), hochzahlige Kirchenaustritte, sich häufende Neuentdeckungen von „Missbrauchsfällen". Da man sich schwertut, die neue Situation rational zu erfassen, sucht man Hilfe bei Analogien und schreibt neuen Situationen und

Problemen ähnliche Eigenschaften zu wie alten Schwierigkeiten, die man glaubt, schon einmal gelöst zu haben; man zieht vor zu handeln, wie es immer schon gemacht wurde: die Menschen seien ja immer die gleichen, sagt man, alles sei schon einmal dagewesen; das Zölibatsgesetz sei in allen Jahrhunderten in Frage gestellt worden, die Kirche sei aber gut damit gefahren, dass sie unbeeindruckt an ihm festgehalten habe; die Menschen in Europa seien materiell verwöhnt und hätten mehrheitlich den Sinn für Transzendenz und Verzicht verloren – es kämen aber wieder härtere Zeiten, wo viele sich auf Glauben und Kirche zurückbesinnen würden; in der Zeit der Christianisierung Europas habe man auch erst nur wenige einheimische Priester gehabt, jedoch Missionare und ausländische Priester erhalten; überdies habe das „Konzil der Buchhalter" den Gläubigen zu viel weggenommen und falsche, zu Missbrauch und Verwüstung des Glaubensgebäudes einladende Signale gesetzt – die Leute hätten aber mit den Füßen abgestimmt, und so müsse man die Dinge in ihrem Sinne korrigieren, zB das altgewohnte Priesterbild wieder hochhalten, dann werde es auch wieder mehr Berufungen geben; es habe sich eben gerächt, dass man ... ; außerdem gebe es nicht nur Kirchenaustritte, sondern auch Eintritte und Wiedereintritte – man müsse den Leuten nur Zeit lassen, dann kämen sie zurück wie der „verlorene Sohn"; die Missbrauchsfälle seien zwar bedauerlich und natürlich sündhaft, doch sei es falsch, jetzt alles in Frage zu stellen, zB die traditionelle Sexualmoral: es brauche jetzt nicht weniger, sondern *mehr* Moral (wie ein Weihbischof insistierte); am Zölibatsgesetz brauche man auch nichts zu verändern, weil ausgewiesene Fachleute weltlicher Disziplinen bestätigt hätten (was die Kirche schon immer

gewusst habe), dass der Zölibat an den Missbräuchen unschuldig sei – man müsse den Zölibat im Gegenteil wieder in seiner wahren Größe verdeutlichen, dann werde er auch wieder neu Zustimmung finden, undsoweiter undsofort. Auch die immer wieder in den Raum gestellte Behauptung einiger Bischöfe und Theologen, der Vorschlag, mehr Priester durch Lockerung der Zölibatspflicht zu gewinnen, verrate „Glaubensschwund" in den Gemeinden (vgl. Rahner 1968), ist eine verdächtige, mindestens missverständliche Reaktion. Da wäre unmittelbar rückzufragen: Glaubensschwund in bezug worauf?
Der Zölibat kann Glauben (an ewiges Leben) ausdrücken, nicht Inhalt sein. Thema ist das *Charisma*. Ein bekennender Nostalgiker nach erzkatholischer Kultur publizierte vor wenigen Jahren folgenden Satz: „Ob man den Zölibat schafft, das ist ein Indikator für die Freude am Glauben". Ein Satz wie dieser freut jenen Teil der Journaille, der es genießt, wo jemand Pfeffer, statt Salbe, in Wunden reibt. Doch auch er kommt eher aus dem ´Stammhirn`.

Das verrät schon die in die Formulierung gesteckte Vorstellung vom Zölibat als Leistung. Bedenkt man ferner, dass der hier ungenannt bleibende Produzent des Satzes zwar vermutlich selbst Freude am Glauben hat, aber eine Zweit-Ehe führt, weil er die erste nicht „schaffte", und dass seine Glaubensfreude ihn anscheinend nie dazu bewog, den Zölibat zu probieren, um zu erfahren, ob und wie man ihn „schafft" – führt man sich dies vor Augen, klingt jene Äußerung unseriös, schamlos, reine Stimmungsmache ohne analytischen Verstand.

Um die vermeintlich nicht neue, daher nicht zu Umdenken nötigende, aktuelle Situation zu bewältigen, sucht man, wie erwähnt, im Arsenal bewährter Positionen und Lösungen nach weiteren Argumenten.

Eines dieser Vorrats-Argumente lautet: Wo einzelne Gläubige „oder Gemeinden", die „durch den Mangel an Priestern über kürzere oder längere Zeit der Eucharistiefeier entbehren müssen", sich vom „Verlangen nach dem Sakrament" (votum sacramenti) zutiefst leiten ließen, seien sie betend-verlangend „mit der Kirche vereint ... und empfangen daher die Früchte des Sakraments".(141)

Dieses Argument taugt heute freilich wenig. Es wurde entwickelt, um einzelne Christen oder kleine Gruppen, die unverschuldet – wegen Auswanderung, Verfolgung, Exil, Straflager u.ä. – von Gemeinden und Priestern abgeschnitten sind, zu trösten und zu stärken. Es setzt aber einen intakten, wesentlich ungeschwächten Glauben voraus, der in der synkretistischen Situation moderner Gesellschaften nur selten anzutreffen ist, zumal man weiß, dass bei der häufigen Mobilität und Migration in fremdes, un- oder andersgläubiges Milieu erfahrungsgemäß Überzeugungen, Gewohnheiten, Sitten, Gebräuche des Herkunftmilieus rasch verändert werden oder verloren gehen. Ist dann kein Priester, keine lebendige, einladende Gemeinde in leicht erreichbarer Nähe, versiegen über kurz oder lang auch die Wünsche (vota) nach dem Sakrament (ein naheliegendes Beispiel ist Tschechien, wo während der kommunistischen Ära zwar eine tapfere Untergrundkirche entstand, der christliche Glaube aber in weitesten Teilen der Bevölkerung ´verdunstete`). Die Idee des „votum sacramenti" auf ganze priesterlose Gemeinden auszudehnen, erscheint in heutiger Sicht fahrlässig und realitätsfern.

All diese Äußerungen und Argumente kommen darin überein, dass sie strikt leugnen, die Lage sei *neu* – und

---

(141) Kongr. für die Glaubenslehre „Über einige Fragen bzgl. des Dieners der Eucharistie" (1983), 10

solange die Entscheidungsträger sie „wie gehabt" beurteilen, darf man von ihnen keine innovativen Lösungen erwarten.

Einen „Problemstau" sehen nur diejenigen, welche die zu lösenden Probleme als *neu*artig (verglichen mit früheren Lösungen) ansehen und begreifen. Die nüchtern-sachgerechte Beurteilung der Misere wird auch dadurch erschwert, dass geschichtlich neue Situationen sich am Horizont meist nur schwach abzeichnen und schleichend eintreten, in kleinen Schritten, in nur geringfügig scheinenden Ausschlägen von der Normalität (zB: Priestermangel vor allem in Ländern A,B; Missbrauchsfälle gehäuft nur in X,Y), sodass die Entscheidungsinstanzen dazu neigen, die Ausschläge zu vernachlässigen („erhöhte Temperatur ist kein Fieber!"). Die Instanzen für strategische Entscheidungen sind meistens weit entfernt von den tatsächlichen Vorgängen, nehmen sie distanziert wahr als Zahlen, Statistiken. Sie verbinden mit der ihnen nur abstrakt vorliegenden Situation oder Gefahr keine konkreten Gefühle, die wirksame Entscheidungen anstoßen könnten. Stattdessen pflegen sie auf Probleme bürokratisch zu reagieren, mit Einschärfung bestehender Glaubenssätze (der Zölibat ein „kostbares Gottes-Geschenk"), Regeln, Gebote, Verbote, die dem Problem, der Gefahr fetischartig entgegengehalten werden. Und man tendiert zum Kleinreden, ´Aussitzen` der Probleme und versichert, alles werde gut, so man sich an die Bewältigungskommandos der Leitenden halte.

Die Sozialpsychologie macht überdies darauf aufmerksam, dass Menschen dazu neigen, sich festzulegen, zu einer einmal getroffenen Entscheidung zu stehen, auch wenn – wie zB beim Kauf einer Ware – der Kaufpreis sich erhöht, mit Zusatzkosten verbunden, die ursprüngliche Motivation zwischenzeitlich weggefallen oder als

Irrtum erkannt ist.(142) Es sind erwartbare Reaktionen des „Reptils" im Menschen, mehr irrational als rational.

Wenn zB ein Bischof, den ein Kreis jüngerer Priester besorgt anfragt, ob denn das Zölibatsgesetz, auf das sie sich eingelassen hätten, geändert werde, beteuert, es werde nicht geändert, bleibe verbindlich wie eh und je – reagiert er dann nicht ähnlich wie der Möbelhaus-Kunde, der dem besorgten Verkäufer versichert, er nehme den gewählten Schrank, wie zugesagt, auch wenn er teurer kommt, als zuerst angegeben, und obwohl er ihn, anstelle von Fertig-Lieferung, zuhause erst zusammenbauen muss (tatsächlich bräuchte er – wenn überhaupt – einen kleineren Schrank, seine Frau ist sowieso dagegen, und das Geld für den Mehrpreis wollte er eigentlich anders anlegen)? Das irrationale Gefühl, sich festgelegt zu haben und ´dazu stehen` zu müssen, behindert einen unbefangenen, rationalen, ausreichend freien Umgang mit einer neuen Situation.

Was die genannten, wegen der Zölibatsdiskussion irritierten Priester angeht, mag man sich zudem fragen, ob die Irritation nicht vielleicht daher rührt, dass einige unsicher sind, ob sie das Charisma Ehelosigkeit überhaupt empfangen haben (wären sie dessen sicher, hätten sie wohl kein Frage-Bedürfnis). Und wie stellen sich diese, sich bei unveränderter Zölibatspflicht beruhigenden, Priester die Not-Wende für die Pastoral vor, die sie mit ihrer zölibatären Anzahl sicher nicht schaffen können?

Vertrauen sie womöglich jenen (von Johannes XXIII. apostrophierten) „Rabenpropheten", für welche die Kirchenkrise konzilsbedingt ist, die vorhersagen, mit dem ´tridentinischen` Priesterbild werde man in ein oder zwei Generationen wieder genügend Priesterberufe haben?

(142) Vgl. Schwarz, 139ff. 168-177

Was tun, wenn die Vorhersage, wie bei ´Propheten` oft, nicht eintrifft? Ist – um einen Vergleich zu wagen – der Eindruck noch vermeidbar, die Oberhirten hätten, weil die Anstellung zusätzlicher Hirten zu kostspielig oder aufwändig wäre, sich entschlossen, Teile ihrer Herden abwandern, sich verlaufen zu lassen? Ist es ethisch-spirituell verantwortbar, an einer sekundären Tradition abwartend festzuhalten und dafür die Menschen „gehen" zu lassen (zu anderen Konfessionen, zu Buddhismus, Islam, zur Esoterik), statt Notstandsmaßnahmen zu ergreifen? Zu solchen Maßnahmen war / ist „die Kirche" häufig bereit, wenn sie zB von Verfolgungen, Unterdrückungen heimgesucht wird, oder aber Chancen der Mission sie nahelegen.(143)

Ein Bischof meinte im Blick auf die aktuellen Erschütterungen der Kirche, „in Krisenzeiten wie diesen, in denen der Relativismus noch zunimmt", würde er sich „nie für eine Veränderung entscheiden". In Zeiten allerdings, in denen das Kirchenschiff durch ruhiges Wasser fährt, ist noch weniger Anlass zu einschneidenden Änderungen, sie kommen dann ja auch kaum vor.

Was der Relativismus mit der Zölibatsfrage zu tun habe, ist nicht ohne weiteres ersichtlich. Sofern der Priesterzölibat als „Zeichen" der Eindeutigkeit (etwa des Pilgerstandes von Kirche und Gläubigen) gemeint sein soll, wurde dazu oben schon das Nötige gesagt.

---

(143) Ein trauriges Gegenbeispiel bildet leider der horrende, seit Jahrzehnten bekannte, Priestermangel in den Ländern Lateinamerikas, wo – nach amtlicher Kaltstellung auch der meisten befreiungstheologischen Ansätze und Initiativen – seit geraumer Zeit US-amerikanische, protestantische Gemeinschaften und Sekten unter den Katholiken reichlich ´Beute` machen. – Für die aktuelle Situation in Europa appelliert Kraus an die Bischöfe, sich gegen den krassen Priestermangel und die Not ihrer Gemeinden auf ihre originäre Eigenverantwortung zu besinnen (aaO 585ff).

Hinter der Negativ-Qualifizierung „Relativismus" für die Umwelt steckt aber vermutlich noch eine andere Frage, nämlich das grundsätzliche Verhältnis der Kirche zur Welt und der Welt zur Kirche. Dies wird auch aktuell deutlich an der Reaktion „katholizistischer" Personen und Gruppen auf die publik gewordenen „Missbrauch"-Skandale: sie fürchten, jede Veröffentlichung skandalöser Vorkommnisse, gar Selbstkritik kirchlicher Würdenträger wirkten wie das „Trojanische Pferd", ließen ihre geschworenen Feinde ins Innere der Kirche eindringen. Diese Kreise halten die – allerdings (nach 1Thess 5,21; Röm 12,2) kritisch prüfende – „Zustimmung zur Welt", wie sie das letzte Konzil leistete, für fatal. Für sie bildet das Kreuz die metaphysisch-apokalyptische Scheidelinie zwischen Licht und Dunkel, wodurch (ansatzweise schon in Teilen des NT) Kirche und Welt in einem unaufhebbar antagonistischen Dualismus stünden. Die Welt sei bestimmt von der „Macht der Finsternis" und „Gottverlassenheit", dem „Haus voll Glorie" feind (es „tobet um die Mauern der Sturm in wilder Wut"); gegen ihre Werke könne der Christ nur kämpfen mit den „Waffen des Lichts" (Lk 22,53; Röm 13,12). In diesem Grundgefühl apostrophierte noch kurz vor dem Konzil ein Bischof die neugeweihten Priester als „Offiziere der Kirche".

Denn „im Felde, da ist der Mann ... ganz allein. Er hat auf Erden kein bleibend Quartier, kann treue Lieb nicht bewahren" (Schiller).

Dem Priester als „Offizier ... im Felde" erscheint, so gedacht, der Zölibat angemessen. Qualifiziert man die Welt nur negativ („Feind"), entsteht das Gefühl, Priester, die heiraten, würden „der Welt" ausgeliefert; das Feindschafts-Gefühl macht aus Sexualität und Frau sogleich *Sexualismus, Feminismus, Hedonismus* usw.

Ein, (wie in 1Tim 4,3) die Heirat verwehrender, in der Wurzel „hellenistischer Dualismus und Aszetismus" verfälscht aber das Charisma zur Ehelosigkeit gründlich (Baumert 211) und vieles andere mit ihm.

Hier müssen, wie es scheint, verschiedene Leute noch einmal gut nachdenken: Ist das Kreuz Zeichen für die wahrhaft unendliche, alles, selbst äußerstes Unverständnis, alle Herzens-Enge der Menschen umfassende Gottesliebe („Er war in der Welt, doch die Welt erkannte ihn nicht": Joh 1,10) oder ist es der mit dualistischer Notwendigkeit sich gegen die Liebe erhebende Hass-Gipfel, das ´unveränderliche Kennzeichen` der „Welt"?
Die Antwort auf diese Frage kann die Zukunft der Kirche entscheiden.

Eine andere Frage, die auch Bischöfe beschäftigt, die über eine Revision der Zölibatspflicht nachdenken, ist die, ob die Mehrheit der Katholiken „mitgehen" würde. Die Frage ist berechtigt; schon Thomas von Aquin legt sie sich vor. Er kann sich vorstellen, dass man eine Tradition, gegen die Vernunftgründe sprechen, dennoch um der Gewohnheit (consuetudo) und Kontinuität willen beibehält, jedenfalls bis auf weiteres.(144) Solche Gedanken belasteten freilich die mit Thomas konsäkularen Reform-Päpste beim Thema Klerikerzölibat anscheinend wenig. Es ist auch festzuhalten, dass die Kirche schon Mitte des vorigen Jahrhunderts in eine große Glaubwürdigkeitskrise geraten und diese Tatsache dem Papst wie auch der großen Mehrheit der Konzilsbischöfe und -theologen bewusst war. Die dann beim Konzil beschlossenen, gut begründeten Re-Formen wurden und werden daher von der signifikanten Mehrheit der Gläubigen mitgetragen.

(144) Zu dieser Überlegung Pieper (1970a), 65f

Vielleicht wird man sich wieder einmal darauf einstellen müssen: Wegweisende, zukunftsträchtige Veränderungen kommen erfahrungsgemäß ohnehin von wenigen, von kleinen Gruppen, die sich ohne Scheuklappen durch die Probleme arbeiten, bis sie eine tragfähige Lösung sehen, die sie dann einer größeren Öffentlichkeit unterbreiten.

Durch Rückkopplungseffekte bilden sich dann in den Köpfen und Herzen neue Überzeugungen, die sich, sobald ´die Sache reif ist`, in die Realität umsetzen und – schrittweise – konkretisieren.

15. ERGEBNIS

Die katholische Kirche hat seit einigen Jahrzehnten hinsichtlich Seelsorge- und Gemeindepriestern beunruhigende Nachwuchssorgen, die gerade in traditionell katholischen bzw christlichen Ländern geeignet sind, Seelsorge- wie auch Gottesdienstangebote bis auf geringe Restbestände zum Erliegen zu bringen. Die Lage ist deswegen ernst, weil auch dann, wenn man Schwerpunkte und Akzente des Gemeindelebens anders setzt (mehr Wortgottesdienste, Bibelarbeit, Stundengebet etc), aller Voraussicht nach nicht genügend Priester einsetzbar sind oder nachkommen. Die Zölibatspflicht für Priester ist zwar nicht einzige Ursache für die pastorale Not.

Doch vielen – aktiven Priestern wie Laienchristen – ist klar: eine Modifizierung des Zölibatsgesetzes in dem Sinne, dass auch Verheiratete (nicht nur seltene Konvertiten) zu Priestern geweiht werden können, würde den ärgsten Schwierigkeiten und Schäden in der Pastoral zu begegnen helfen. Man muss ja bedenken, dass bei Zusammenlegung früher selbständiger Pfarrgemeinden zu großen pastoralen Einheiten fast automatisch ein Gutteil der bisher selbständigen Gemeinde abbricht und den Verbleibenden Kraft und Mittel fehlen, sich um die äußerlich oder innerlich Ausgetretenen zu kümmern – von der Gewinnung neuer Christen gar nicht zu reden: Kirche ist ja von Christus her zu Sendung und Verkündung der Frohbotschaft zuinnerst berufen. Manche wollen jetzt eine bessere Zukunft beschwören mit der Parole, die Zeit der ´gemeinde-fixierten` Christenheit sei vorbei, es sei (wieder) eine Zeit der Mission angebrochen. In der Tat ist die Epoche der Volkskirche in den meisten traditionell christlichen Ländern vorüber. Doch begründet auch die

Doch begründet auch die Mission Gemeinden und ist auf solche angewiesen.

Das drängende Problem heißt doch: Wo ist das Personal für Mission hierzulande? Und wenn wichtige Teile der amtlichen Auslegung des Evangeliums die Menschen (vielfach selbst die kirchlich Gebundenen) nicht überzeugen, wie soll die Mission vorankommen?(145)

Das Dictum, die Kirchenfrage stehe dem Gottesthema oft im Weg, trifft bedauerlicherweise die Sachlage. Mission, die unerledigte Probleme aus kirchlicher Vergangenheit mitschleppt, kommt nicht weit. Wer die eigenen Leute wieder zu überzeugen vermag, ist auch zur Mission berufen. Das Kirchenrecht stellt das „Heil der Seelen" als obersten Rechts-Grundsatz über alle Einzelbestimmungen. Von ihm aus, sowie vom „Gnadenrecht" der Gemeinden auf Sakramentenempfang (folglich auch auf Priester),(146) müsste es möglich sein, die den Klerikerzölibat betreffenden Bestimmungen zu überprüfen und gemäß den pastoralen Erfordernissen zu verändern.(147)

(145) Unter dem Titel Jugend ohne Gott – Ende der Kirche? referiert J. Röser die Ergebnisse der neuesten Shell-Jugend- Studie in: Christ in der Gegenwart Nr.42/2010, 475f

(146) Für Heimerl ist es nicht eindeutig, ob das Recht der „Gläubigen" – worunter „gewiss die einzelnen zu verstehen" seien – die Gemeinde einschließt, ob also auch die Gemeinde Gnaden-Rechtsträger sei (17f). Es ist aber darauf hinzuweisen, dass biblisch-theologisch der Gottes- bzw. Christus-Glaube primär stets Wir-Glaube ist, d.h. Gemeinde- oder Kirchen-Glaube, an dem der/ die einzelne Gläubige partizipiert.

(147) Im Eröffnungsreferat (20.9.2010) zur Fuldaer Bischofskonferenz plädierte der aktuelle Vorsitzende, eingedenk des 2. Vat. Konzils, „für eine pilgernde, hörende, dienende Kirche". Er beklagt mangelnde Bereitschaft bei „uns Bischöfen" zum Lernen vom Leben, von Erfahrungen, Leiden u. Fragen der in der Welt lebenden Christen, vielleicht gewollt, um „nicht die Konstrukte der Realität aufgeben zu müssen, denen unsere Zeitgenossen Realitätsferne bescheinigen". Zu den „bohrenden" Fragen der Christen zählt er auch die Themen Sexualität u. Zölibat, auf die nur eingegangen werden könne (und zwar „mutig u. offen", wie der Mainzer Kardinal sekundierte), wenn man auf die gewohnte Überstilisierung des Bischofs- u. Priesterbildes verzichte und dafür höre u. lerne (zit. nach: Pressemitteilungen der Dt. Bischofskonferenz).

Dem stehen allerdings etliche Schwierigkeiten entgegen. Zunächst das begreifliche Zögern, eine etwa 900 Jahre alte, jedoch ständig Kontroversen erzeugende Regel zu ändern. Gegen die Forderung, das Gesetz durch Anpassung wenigstens an die dringlichsten Bedürfnisse zu ändern, werden seit dem 2. Vatikanischen Konzil verstärkt theologisch-spirituelle Argumente für Beibehaltung der Zölibatspflicht ins Feld geführt, als sei der anhaltende, sich rapid vergrößernde Priestermangel primär ein Glaubensmangel und ein Spiritualitätsdefizit auf Seiten der Gemeinden sowie ein Mangel an Idealismus bei jungen katholischen Männern, die zu leicht dem allgegenwärtigen Sexualismus, Hedonismus, Konsumismus usf. erliegen würden. Allen Änderungswünschen in Sachen Zölibat, die ja weniger Wünsche als Hilfe-Rufe verwaister Gemeinden und überlasteter Priester sind, wird seit Jahren fetischartig entgegengehalten, der Zölibat der Priester sei ein „kostbares Gottesgeschenk", das „die Kirche" bewahren müsse, da es wichtig sei für die Welt wie für die Kirche selbst. Hier wird freilich konstant aneinander vorbeigeredet, weil die Kirchenführung bewusst eine andere Argumentationsebene wählt (zB „Neugestaltung der Kirche aus geistigen und inhaltlichen Quellen" – so ein Bischof [in 2010] als Entgegnung auf Zölibatskritik) als die Antragsteller, die aus der Not heraus um die Priesterweihe auch für verheiratete Männer nachsuchen. Gründe und Motive für die ´Sperrigkeit` der Kirchenführung beim Thema Zölibat dürften hauptsächlich in der Geschichte liegen und nicht nur rationale Wurzeln haben. Soweit allerdings verstandesmäßig argumentiert wird, ist erkennbar, dass keines der früher und heute vorgebrachten Argumente, wie die Analyse zeigt, es hindern würde, das Zölibatsgesetz an die aktuellen, noch unabsehbar lange bestehenden, pastoralen Erfordernisse anzupassen.

Es ist bezeichnend, dass die Einführung des Priesterzölibats im lateinischen Westen erst erzwungen werden konnte, als die Spaltung zwischen römischer Kirche und Ostkirche vollzogen war. Der Unterschied zur Ostkirche, die bis heute den verheirateten Priester kennt und bejaht, wird von Rom gern heruntergespielt, sofern man es nicht vorzieht, ihn zu ignorieren. Es ist ferner offensichtlich, dass der Zölibatszwang für Kleriker gegen alle Einwände von denselben Kräften gewaltsam eingeführt und durchgedrückt wurde, die gleichzeitig und auf den selben Synoden Kreuzzüge initiierten und beschlossen. Die damalige Gewaltsamkeit haftet, quasi auf *Stand-by* geschaltet, der römischen Kirche noch immer an: im starren, die offene Diskussion verweigernden Festhalten an der ausnahmslosen Zölibatspflicht, in den Strafbestimmungen für Zölibatsbrecher und im hinhaltenden, erniedrigenden Umgang mit Antragstellern für Befreiung vom Zölibat. Sie ignoriert überdies oder nimmt in Kauf, dass zahlreiche Priester, die mit dem Zölibat nicht zurechtkommen, ihr Amt von sich aus aufgeben oder eine nichtöffentliche Lösung suchen und finden. Andererseits weiß Rom und wissen die Bischöfe sehr gut, dass der Priesterzölibat nicht bloß in der ungläubigen Welt, sondern auch in der Mehrheit der Katholiken nur wenig Rückhalt hat, nicht zuletzt deshalb, weil der zölibatäre Priester-Nachwuchs ausbleibt. Ihnen ist auch bewusst, dass die Zölibatspflicht argumentativ auf schwachen Füßen steht, mit der Folge, dass manche Bischöfe, sobald irgendwo der Priesterzölibat öffentlich angefragt wird, reflexartig reagierend seine Beibehaltung beteuern und seine Gottgewolltheit versichern.

Dabei kann der Rückgriff auf Äußerungen der Konzilien und Formulierungen des Kirchenrechts kaum verschleiern, dass hier die Zölibats-*Pflicht* und für den einzelnen Kleriker der *Wille* zu deren Einhaltung im Vordergrund steht, nicht der Empfang des Charisma, wie man aus Reklame-Gründen gern behauptet.

Das besagt: Für die Kirchenleitung kommt es letzten Endes nicht darauf an, ob einer das Charisma der Ehelosigkeit empfangen hat, sondern dass er – wie schon das Trienter Konzil verdeutlicht – die einmal eingegangene, klerikale Zölibatspflicht bis ans Lebensende einhält (wenn er nicht den Amtsverlust riskieren will).

Erschwerend für eine Verständigung zwischen den Fronten kommt hinzu, dass das Kirchenrecht (hier zweifellos die amtstheologische Position reflektierend) den Zölibat in erster Linie bei den geweihten Priestern ansiedelt, nicht bei den die evangelischen Räte lebenden Ordensgemeinschaften, wo er seine ursprüngliche Heimat hat. Auch von dieser Seite wird deutlich, dass die Kirchenleitung den Zölibat nicht bei den dazu von Gott eigens Berufenen sucht, sondern ihn – nachdem er einmal festgesetzt wurde – von den zur Weihe Zugelassenen gleichsam eintreibt und ihnen als zusätzliche Pflicht auferlegt, Gott darum zu bitten, dass sie ihn (als Charisma) erhalten und behalten, falls sie ihn nicht zuvor empfangen haben. Die seit dem Mittelalter betriebene ´Vermönchung` der Priester (mit Ehelosigkeit an erster Stelle) hat im übrigen dazu geführt, dass echte Mönche und Ordensleute klagen, der Amtszölibat verdunkle die für die Orden unentbehrliche, authentische Berufung zur ehelosen Lebensform (s.a. *Metz,* 67).

Historisch gesehen ist es wichtig zu bemerken, dass erste Forderungen nach (wenigstens) Enthaltsamkeit von

Priestern im Zuge der Konstantinischen Wende aufkamen, als die Kirche in die Rolle der bisherigen römischen Staatsreligion eintrat, wobei der Vollzug des „Opfers" zum Wohl von Staat und Gesellschaft Leitgedanke wurde (und christlicher Glaube und Glaubenspraxis darauf konzentriert wurden), und sie dafür einen eigenen, vom Volk abgesetzten Priester-Stand mit entsprechendem Profil benötigte. Nach antiker (allgemein religiöser) Empfindung sollten Priester aber „rein", das hieß, nicht vom Geschlechtsverkehr ´befleckt`, zum Opfer vor Gott hintreten. Dieses allgemeine Empfinden blieb nicht ohne Wirkung auf christliche Meinungsführer und Leitungsinstanzen, die sich bei dieser Gelegenheit an alttestamentliche Reinheitsvorschriften für Priester erinnerten (dabei vergessend, dass Jesus und zB Petrus sie ausdrücklich außer Kraft gesetzt hatten). Das spätantike Klima (Sexual- und Körperfeindschaft war ´modern`) verführte Theologen auch dazu, die Sündenfall-Erzählung der Genesis nach der Richtung auszulegen, als habe die Sünde der Stammeltern die Sexualkraft überhaupt erst freigesetzt („Nacktheit"), ja die Suche nach sexueller Lust sei womöglich auch die erste Sünde gewesen – Vorstellungen, die sich, wie wir heute sehen, nur im Klima des damaligen Zeitgeistes bilden konnten.

Dadurch kam die Sexualität, in der Folge auch die Frau für männliches Empfinden in Verruf – ein geschlechts- und frauenfeindlicher Ungeist, der dem Mittelalter mitüberliefert wurde und dort neue Blüten trieb. Es ist historisch-psychologisch undenkbar, dass die damaligen Urheber der strengen Zölibatspflicht (völliger Verzicht auf Ehe) von dieser alten, weitgehenden Gleichsetzung von Geschlechtslust mit Sünde unbeeindruckt und unbeeinflusst gewesen wären – eine Annahme, die sich auch bestätigt durch den massiven Sündenverdacht, dem der Bereich des Geschlechtlichen in Moraltheologie und Bußpraxis bis zu den Tagen des letzten Konzils ausgesetzt war. Entsprechend war die durchschnittliche Priester-Ausbildung bis in neueste Zeit gleichsam asexuell – Geschlechtlichkeit überhaupt, das eigene und das andere Geschlecht waren faktisch ´unberührbare` Felder (dem „forum internum" zugewiesen), ausgenommen die Selbstbeherrschung, ein Thema der Aszetik. Die Ideale der Hagiographen waren Heilige, die es – in der Sicht der Frommen – praktisch zu geschlechtslosen Männern und Frauen gebracht hatten (Augustinus bekennt die Mühsal seines langen, unvollendeten Weges dahin). Inhalt der Männlichkeit wurde vorzugsweise die Entfaltung der Rationalität, gesichert durch eine (von gelegentlichen, leichten Versuchungen abgesehen) komplette Selbstbeherrschung. Die Geschlechtskraft wurde teils unterdrückt, teils ´sublimiert`, sie erschien, kompensatorisch gewandelt, bei vielen Priestern wieder in militärischer Härte, Prinzipienstarre, Herrschsucht und „Weiberfeindschaft". In zahlreichen Fällen halfen und helfen Ersatzbefriedigungen, die Zölibatspflicht mit ihren diversen Auswirkungen zu kompensieren.

Dem gegenüber stehen Zeugnisse von authentischen Berufungen zu einem ehelosen Leben durch glaubwürdige Persönlichkeiten.

Sie benötigen aber Vorklärungen. Das einzige Jesus-Wort, auf das sich der kirchliche Zölibat berufen kann, ist das Wort vom „Eunuchen um des Himmelreiches willen": von einem zeugungsunfähigen Menschen, der diese Anomalie akzeptiert aus österlich begründetem Glauben. Der so verstandene Eunuch lebt nicht einfach schon das Leben nach dem Tod, wovon er zeugen will, sondern steht zunächst als Leidender, als Einsamer unter seinen Mitmenschen: er leidet an einer schmerzhaften Wunde, die er im Verhältnis zu den anderen immer wieder realisiert: Ist er, wenn er ein Mann ist, wirklich ein voller Mann, ja ein voller Mensch, wenn er nicht ´kann` ...

Entscheidend ist dieses Nicht-Können, das etwas anderes ist als ein Nicht-Dürfen. Obwohl geduldet, ist er in der Gesellschaft der Normalen nie ganz daheim, nie völlig akzeptiert. Seine Vitalität spürt, dass ihm an der Lebensfülle etwas mangelt; er ist wie jemand, der vor der Welt vorzeitig schon ein Stück gestorben ist. Das Gegengewicht zu dieser Leere bildet eine außerordentliche Berufung, eine Sendung, die ihn wieder zu den Menschen zurückführt, von denen er zunächst abgesondert war: zurück zu den Menschen in einer tieferen Gemeinschaft mit ihnen, als es die sexuelle Gemeinsamkeit ist. Es sind also Sendung und Zeugnis, die den von Jesus gemeinten Eunuchen eheunfähig machen können, sofern er diese Konsequenz ebenso frei auf sich nimmt, wie es die Berufung ist, die gerade auf ihn fällt.

Diese Urerfahrung des „Eunuchen um des Himmelreiches willen" wird jedoch von der kirchlichen Zölibats-Gesetzgebung verwischt, im Grunde ignoriert. Obwohl sie einräumen muss, dass der Zölibat nicht vom Wesen des Priestertums gefordert ist, versuchte sie im Laufe der Geschichte, Priester und junge Interessenten durch sogenannte Angemessenheitsgründe zur lebenslangen Ehelosigkeit zu überreden, um sie hinterher (nach der Weihe) aufs strengste zu verpflichten. Es handelt sich aber, wie auch die Erfahrung weiß, nicht um ein Gesetz, das *von innen* kommt und bindet, sondern um ein von außen kommendes, auferlegtes Gesetz. An die Stelle des Nicht-Könnens tritt wohl in den meisten Fällen das Nicht-Dürfen.

Man kann es auch anders ausdrücken: An die Stelle der göttlichen Berufung des jungen Menschen zum „Eunuchen um des Himmelreiches willen" tritt die Berufung durch „die Kirche", die ohnehin – nach Ausweis der Geschichte – den Part Gottes oft zu selbstverständlich übernahm („Gott will es!").

So glaubte (im Jahr 2009) ein Bischof, der am Pflichtzölibat nicht gerüttelt sehen will, die gesetzlich geforderte Ehelosigkeit der Priester geradewegs zu einer „Erwartung Jesu an die Jünger" hochdeuten zu können. Wer so spricht, geht nicht nur an der unverzichtbaren Freiheit des Einzelnen vorbei, die Voraussetzung ist für seine Berufung zur Ehelosigkeit ´im Auftrag Gottes`.

Er verkennt auch, dass sich das Zölibatsgesetz nolens volens subkutan aus einer Tradition nährt, die der Sexualität feindselig gegenüberstand, da sie vermeintlich etwas Schmutziges, Unreines, Unmännliches, zuinnerst mit Sünde Verquicktes, nur als notwendiges Übel Tolerierbares darstelle. Dass sie diese heute kaum verständlichen Vorurteile so lange mitgeschleppt hat, darin sieht auch Ratzinger „das Unglück der kirchlichen Moraltheologie". Inzwischen sind wir Zeugen eines Epochenbruchs. Die Moderne pflegt eine natürliche, positive, vielleicht schon *zu* arglose Einstellung zur Sexualität. Unbeschadet archaischer Unreinheits-Scheu hat auch die Bibel ein unbefangenes Verhältnis zu Sexualität und Ehe, so dass diese positiv wie negativ in Bildern und Analogien Gottes Verhältnis zu seinem Volk veranschaulichen.

Auch christliche Mystik (zB Johannes vom Kreuz) kann dieser Sinnbilder nicht entraten, wenngleich sie sie vergeistigt. Das liegt offenbar daran, dass das Grundelement jeder Ehe – schenkende und empfangende Liebe – in die zentrale Erfahrung Israels mit dem Gott seiner

Väter gehört und vom NT aufgenommen, ja vollendet wird.

Das bedeutet, dass „die Kirche" den Gläubigen, aber auch der nichtgläubigen Öffentlichkeit *vor* jeder Werbung für die ehelose Lebensform ein unverkrampft-positives Zeugnis ihrer Wertschätzung der Ehe schuldet (dass diese für die Theologie ein „Sakrament" darstellt, hat sie selbst durch deren lange Herabwürdigung in Theorie und Praxis verdunkelt und weithin in Vergessenheit geraten lassen). Anders gesagt: „Die Kirche" schuldet der Welt die Rehabilitierung der (Eros-)Liebe – auch in deren tastenden Anfängen bei der geschlechtlichen Begegnung zweier Menschen. Davon hängt auch das glaubwürdige Zeugnis der zölibatären Lebensform ab: Der Zölibat muss als persönliche, von innen kommende Berufung eines Menschen erkennbar sein, nämlich als *Berufung zur Liebe,* eine Berufung, welche die eheliche Form als Normalform bejaht und erstrebt, die aber durch die Sprengkraft der Sendung, des Auftrags eine(n) Einzelne(n) gleichsam durch die Ehe hindurch (nicht an ihr vorbei!) und so quasi aus ihr heraus führen, heraus nötigen *kann*.

Die Lebensläufe von Roger Schutz, Ruth Pfau oder Esther Hillesum bieten dafür, bei aller Verschiedenheit, ein beeindruckend glaubwürdiges Zeugnis. Zugleich wird deutlich, dass verheiratete Priester (wie in der frühen Kirche, wie in der Ostkirche) kein minderwertiges Zeugnis darstellen, sondern einen anderen Akzent der einen und selben Liebe Gottes: christliche Eheleute bezeugen die innige, exklusive und treue Liebe Gottes zu den Menschen, Ehelose bezeugen die Universalität dieser Liebe und ihre letzte Verwurzelung in einem Grund, der „nicht von dieser Welt" ist. Deshalb wirkt auch das amtliche Insistieren auf dem Konfigurations-Ideal für Priester, weil

Christus selbst (als Vorbild) Zölibatär gewesen sei, verengt und ideologisch: zum einen ist Christus, wenn wir die Bezeichnung als Hoheitstitel ernstnehmen, ohnehin jenseits von Ehe und Zölibat, zum anderen hat Jesus – nach allem, was wir den Evangelien entnehmen können – seine Jünger aus verheirateten Männern berufen (die Ehe war für Israeliten eine Selbstverständlichkeit, und für manche Jünger ist das Verheiratetsein historisch aufweisbar), ihnen aber keinen Eheverzicht o.ä. auferlegt; dass sie im Banne seiner Reden und Taten ihre Ehe- und Familienpflichten zeitweise vernachlässigten, ist zu vermuten, stellt jedoch einen anderen Sachverhalt dar.

Auch die Verehrung Marias wurde im Interesse des Zölibatsgesetzes für Priester idealisiert und spiritualisiert – so dass man erklärt (s. Direktorium für Dienst und Leben der Priester), Marienverehrung gehöre zu „jedem Priester". Aufgrund ihrer „immerwährenden Jungfräulichkeit" sei Maria (im Lied: „himmlische Frau") Vorbild und Mutter der priesterlichen Zölibatäre. Das Konstrukt wäre überzeugender, wenn der Aufblick zur „reinen" Maria nicht, wie so oft, zu Lasten der Frauen, Ehefrauen und Mütter ginge, und andererseits Marias fundamentale Tat – ihr fraulich-mütterliches Ja zur Empfängnis des „Sohnes des Höchsten" (Lk 1,32) – den Eheleuten in gleichem Maße vor Augen geführt und die Geburt ihres Kindes (ihrer Kinder) ähnlich als „gehorsames Ja" gewürdigt und gefeiert würde. Marias empfangende und gebärende „Jungfräulichkeit" ist ja gerade nicht ihre eigene Tat (sie bestand in der Öffnung des Herzens).

Deshalb eignet sie sich wenig als Vorbild für zölibatspflichtige Priester, weil das Angelus-Gebet richtigstellt, was das Kirchenrecht unterbelichtet: „Der Engel des Herrn brachte Maria die Botschaft und *sie empfing vom Heiligen Geist*".

Zudem ist hier auf eine ähnliche Überspitzung hinzuweisen, wie sie bereits für das vermeintliche „Mann"-Sein Christi konstatiert wurde. Wenn mit Marias „immerwährender Jungfräulichkeit" ihre bleibende, begnadete Lebensleistung Ausdruck findet, ist damit, wie gesagt, die Öffnung ihres Herzens, d.h. ihre personale Ganzhingabe an Gottes Heilswillen gemeint.

Ihre *Jungfrauschaft,* im Sinne der Empfängnis Jesu ohne den Samen Josefs, bleibt jedoch (nach Mk 12,25 Par) als „ein Erdenrest, zu tragen peinlich" in der vergänglichen Welt zurück. Auch insofern eignet sich die „himmlische Frau" wenig als Vorbild für sexuelle Enthaltsamkeit und Ehelosigkeit der Priester. Ganzhingabe an Gottes Heilswillen ist bekanntlich nicht nur Enthaltsamen möglich.

Vielmehr lässt die Ehe sich als *Sakrament* nur so verstehen, dass im ehelichen Ja zweier Christen zueinander die liebende Einheit zwischen Christus und Kirche hic et nunc im Abbild wirklich, d.h. realisiert und angenommen wird, und zwar in wechselseitiger Ganzhingabe.

Es ist zu betonen, dass der Zölibat, wenn er ein *Zeichen* der Ganzhingabe sein soll, ein Zeichen von geringerem Rang als die Ehe ist, weil diese ja, als Sakrament, ein *wirksames Zeichen* für das Ja Gottes in Christus zu den Menschen und für das Ja der Kirche (als Vertreterin der Menschheit) zu Gott bildet. Die in der Vergangenheit teils offene, teils latente geistliche Abwertung der Ehe hat dem Zeugnis der Kirche insgesamt viel Kraft geraubt.

In neuerer Zeit wird versucht, die Zölibatspflicht der Priester anhand der alten Formel, dass sie „in persona Christi" amtierten, zu begründen bzw daraus abzuleiten. Dieses Bemühen führt zu Ungereimtheiten, grenzt an Ideologie. Das Konzil stellt klar, dass überall dort, wo vom Priester „in persona Christi" die Rede ist, sein Handeln, sein Amt gemeint ist. Der Versuch, aus der „persona" Christi auch das Mann-sein-müssen des Priesters zusammen mit der Ehelosigkeit abzuleiten, weicht von dieser Begriffsbestimmung ab, verwechselt überdies „Person" mit „Persönlichkeit". Die abstruse Konsequenz daraus wäre, dass Christus (als Erhöhter) männlich im Sinne sexueller Männlichkeit bestimmt wäre und dass seine Männlichkeit Heilsbedeutung hätte: am Kreuz, aber auch im eucharistischen Vollzug. Etwas Derartiges scheint zB der Opus-Dei-Gründer Escriva zu meinen, wenn er behauptet, der Priester stelle in der hl. Messe Christus nicht nur dar, sondern er *sei* dann Christus: „Und Christus ist Mann, und er ist zölibatär".

Dabei werden weder Männlichkeit noch Ehelosigkeit Christi oder des Priesters in der hl. Handlung an irgendeiner Stelle thematisch noch runden sie den Gehalt der Feier ab. Solche, jeder Analogie-Lehre spottende Idetifizierung (die über „Konfiguration" absolut hinausgeht) des Priesters mit der „Person" Christi, während das Konzil nur vom instrumentellen (werkzeuglichen) Handeln des Priesters spricht, soll wohl dem Zweck dienen, das Mann-sein-und-ehelos-sein-müssen des Priesters durch Begriffsverdrehungen festzuschrauben, um Themen wie Frauenordination und Änderung des Zölibatsgesetzes abzuwehren. Mit gutem Geist hat derartige Wortakrobatik nichts zu tun. Dass Christi Heilsmysterium zusätzlicher „Zeichen" bedürfte, nämlich der Männlichkeit und ausnahmslosen Ehelosigkeit der Priester (dabei könnte es sich ohnedies nur um sekundäre Zeichen handeln), ist zum einen bei der Fülle der eucharistischen und übrigen sakramentalen Zeichenhaftigkeit, zum anderen bei der Miss- und Unverständlichkeit traditionell-religiöser Symbole für die Bewusstseinslage naturwissenschaftlich-technisch geprägter Gesellschaften mehr als fraglich.

Anders gesagt: Derartige ´Zeichen` wirken auf die meisten höchstens komisch oder lächerlich. Dies nicht zuletzt in einer Gesellschaft, deren hohe Ehescheidungsraten seit vielen Jahren bekannt sind. Wenn Bischöfe argumentieren, man könne den Priestern die Heirat auch deswegen nicht gestatten, weil man dann ähnlich hohe Scheidungsraten bei Priesterehen bekäme – warum (abgesehen vom Freiheitsrecht auch von Priestern) glauben sie dann, ihre Priester wären der zölibatären Lebensform gewachsen?

Sagt man doch mit einigem Recht, dass zum Zölibat nur tauge, wer auch zur Ehe taugt. Es wäre kaum überraschend, wenn ermittelt würde, dass die Rate der Zölibatsbrüche mit der Rate der Ehescheidungen ´auf Augenhöhe` mithalten könnte. Ein wirkungsvolleres Zeichen in einer säkularen, ethisch labilen Gesellschaft wäre nach Lage der Dinge eine *Ehe*, die auch nach zahlreichen Belastungsproben noch „hält"!(148)

Die Einsamkeit zahlreicher Priester und das Leiden an ihr ist der Kirchenleitung zwar bekannt. Abgesehen davon, dass Einsamkeit ein für jeden Menschen – verheiratet oder nicht, gläubig oder nicht – unentrinnbares Schicksal zu bestimmten Zeiten und Lebensphasen darstellt: das Zölibatsgesetz erwartet vom Priester ja nicht das Alleinsein oder die Isolierung. Im Gegenteil rät man ihnen zu „gemeinsamem Leben" (vita communis) oder zu anderen Formen der Sozialität (Haushälterin, Familienangehörige im Haus). Dieser fromme Wunsch ist seit Jahrzehnten nur schwer erfüllbar, weil das Lebensgefühl sich verändert hat und auch weibliche Angehörige heutzutage einen anspruchsvolleren Beruf erlernen und ein selbstbestimmtes Leben führen möchten.

---

(148) Die fast 70-jährige treue Verbundenheit des Hamburger Ehepaares Schmidt fand allgemeine Bewunderung; es wurde wegen seiner relativen Seltenheit zum Zeichen für ein erfülltes Leben, für eine Gnade und Sehnsucht der Vielen

Priester gibt es immer weniger, die wenigen leben weit auseinandergezogen und verstreut, und die Arbeits(über)last lässt ihnen nur wenig Freiraum und Energie für Gemeinschaftspflege. Unter Rat suchenden Katholiken heißt es sprichwörtlich „Pfarrer/Priester haben keine Zeit!"

Das gilt in vielen Fällen auch für die empfohlenen Priester-Freundschaften. Auch Pfarrgemeinden können nicht – wie ein päpstliches Schreiben der 90er Jahre noch meinte – für ihren Pfarrer die Familie sein oder ersetzen. Das war aus gruppendynamischen Gründen schon in alten Zeiten schwierig (mochte aber hie und da in kleinen Gemeinden angehen), ist jedoch heute in einer mehrere ehemalige Pfarreien umfassenden, pastoralen Einheit völlig zur Illusion geworden. Wer die Geschichte der christlichen, ehelosen Lebensform von den Anfängen her ein wenig kennt, weiß, dass (von den wenigen Eremiten abgesehen, die aber faktisch selten allein waren) Ehelosigkeit praktisch von Anfang an nach Gemeinschaft drängte, in Gemeinschaft gelebt wurde, späterhin, wenn die ehelose Gemeinschaft sich bewährt, zu einer lebbaren Regel gefunden hatte, als Kloster und Orden offizielle Anerkennung fand. Zölibat und Gemeinschaft gehören geschichtlich und innerlich zusammen. Wenn eheloses Leben in Gemeinschaft, trotz Benedikts XVI. Rat, sich für Priester unter den waltenden Umständen heutzutage als äußerst erschwert, gar unmöglich herausstellt, bedeutet dies: es ist unverantwortlich geworden, einem Einzelnen, der schon dienstlich zum single-Dasein verurteilt ist, auch noch die Zölibatspflicht zuzumuten.

Zudem ist die Zölibatspflicht heute nachgerade ein Anti-Zeugnis geworden, weil sie – entgegen verbalen Beteuerungen – als Junktim das Freiheitsrecht des Einzelnen übergeht.

Die seit langem in Rom herrschende Praxis, die Jahrhundert um Jahrhundert gegen Widerstreben und Überzeugung so vieler Christen erzwungen wurde und wird, befindet sich in einem denkbar eindeutigen Gegensatz zur Haltung des hl. Paulus, der in dieser Frage so feinfühlig und gewissenhaft bedacht war, keinem Andersmeinenden noch dem Spender aller Charismen auch nur im Geringsten entgegenzutreten, obwohl er und seine Gemeinde unter starkem Nahewartungs-Druck standen.

Was Freiheitsrechte angeht, denkt und fühlt man heute sehr empfindlich und schaut genau hin, was gesagt, wie gehandelt wird. Dass jemand wie Paulus für sich selbst bewusst auf seinem persönlichen Charisma besteht – d.h. *keine* Ehefrau mit sich zu führen wie andere Apostel (vgl. 1Kor 9,5) – , wird als persönliches Zeugnis auch heute anerkannt. Was heute nicht überzeugt, vermutlich auch in früheren Epochen nicht überzeugt hat und hätte, ist eine Haltung, die in einer äußerst gefährlichen pastoralen Not es vorzieht, die Zölibatspflicht mit allen Mitteln festzuschrauben, und dafür auf andere Arten von Priesterberufen, den Erhalt von Gläubigen und von Gemeinden, die sich im Großverband zu großen Teilen auflösen, aus Gründen des Prinzips verzichtet. Dass Gott auch verheiratete Männer (um von Frauen einstweilen zu schweigen) zu Priestern berufen will und beruft (wie Vergangenheit und Gegenwart lehren), kann ja niemand guten Gewissens in Abrede stellen. Wie es scheint, ist der vorrangige Grundsatz des Kirchenrechts – „das Heil der Seelen (Menschen) ist oberstes Gesetz" – ein Prinzip, an das – aus tiefster Seel-*Sorge* – Gott selbst sich hält.

VERWENDETE LITERATUR (Auswahl):

- *Angenendt, A.,* Toleranz und Gewalt (Münster ³2007)
Aubarbier, J.-L. / Binet, M., Liebenswertes Land der Katharer (dt. Rennes 1994)
Augustinus, A., Confessiones – Bekenntnisse (lat.-dt. München ²1960)
Augustinus, A., De vera religione – Über die wahre Religion (lat.-dt. Stuttgart 1983)
- *Balthasar v.,* H.U., Die drei evangelischen Räte / Christ und Keuschheit, in: Klarstellungen (Freiburg u.a. 1971), 125ff
Baumert, N., Frau und Mann bei Paulus (Würzburg 1992)
Bender, M./Dobhan, G. u.a., Zölibat (Mainz/Trier 1993)
Benedikt XVI., Enzyklika DEUS CARITAS EST (dt. Bonn 2006)
Benedikt XVI., Licht der Welt – Ein Gespräch mit P. Seewald (Freiburg-Basel-Wien 2010)
Berger, K., Zölibat – Eine theologische Begründung (Leipzig 2009)
Böckle, F., (Hg), Der Zölibat (Mainz 1968)
Böll, H., Eine deutsche Erinnerung – Interview mit R. Wintzen, Okt. 1976 (München ⁴1991)
Brown, P., Die Gesellschaft und das Übernatürliche (dt. Berlin 1993)
Brown, P., Die Keuschheit der Engel (dt. München 1994)
- *Chadwick, H.,* Die Kirche in der antiken Welt (dt. Berlin-New York 1972)
Coreth, E., Was ist der Mensch? (Innsbruck u.a 1976)
- *Dempf, A.,* Geistesgeschichte der altchristlichen Kultur (Stuttgart 1964)
Denzler, G., Priester für heute (München 1980)
Denzler, G., Die Geschichte des Zölibats (Freiburg-Basel-Wien 1993)
Di Bella, A., Die Priesterkirche, das Zölibatsgesetz und Jesu Nachfolge (Oberursel 1999)
Drewermann, E. / Biser, E., Welches Credo? (Freiburg-Basel-Wien 1993)

- *Eiff von, A.W.*, Über menschliche Sexualität, in: Ins Angesicht widersprochen (Freiburg-Basel-Wien 1998), 77-88
ders., Zum Problem der Empfängnisverhütung, in: (s.o.), 88-98
Eusebius von Caesarea, Kirchengeschichte (dt. München 1967)
Evdokimov, P., L`Esprit Saint dans la tradition orthodoxe (Paris 1969)
- *Faktum Lexikoninstitut (Hg)*, Lexikon der Psychologie (Gütersloh-München 1995)
Feldmann, Chr., Frère Roger, Taizé – Gelebtes Vertrauen (Freiburg-Basel-Wien ²2006)
Fentener van Vlissingen, Y., Approches psychologiques du célibat (Taizé 1969)
Fischer, K., „Heute, wenn ihr Seine Stimme hört" - Beiträge zu einer Theologie des Kairós (Wien 1998)
Flasch, K., Augustin – Einführung in sein Denken (Stuttgart 1980)
Flasch, K., Kampfplätze der Philiosophie (Frankfurt/M. 2008)
- *Görres, A.*, Pathologie des kath. Christentums, in: Handbuch der Pastoraltheologie II/1 (Freiburg-Basel-Wien 1966)
Görres, A., Kennt die Religion den Menschen? (München 1983)
Görres, I.F., Laiengedanken zum Zölibat (Frankfurt/M. 1962)
Goritschewa, T., Von Gott zu reden ist gefährlich (dt. Fr-Bs-Wn 1984)
Grabmann, M., Thomas von Aquin (München 1925)
Grün, A., Ehelos – des Lebens wegen (Münsterschwarzach 1989)
Guardini, R., Welt und Person (Würzburg 1950)
Guardini, R., Die Annahme seiner selbst (Würzburg 1960)
- *Haag H./ Elliger, K.*, Stört nicht die Liebe (München ²1990)
Häring, B., Frei in Christus II (Fr-Bs-Wn 1989)
Heer, F., Mittelalter (Zürich 1961/64)
Heimerl, H., Der Zölibat: Recht und Gerechtigkeit (Wien – New York 1985)

Heinz, H., Zeugnis und Ärgernis – Zur fälligen Diskussion über den Pflichtzölibat: Herder-Korresp. 7/2010
Hillesum, E., Das denkende Herz
(dt. Reinbek bei Hamburg 1985/2000)
- *Ignatius von Antiochien*, Brief an Polykarp, in: J.A. Fischer (Hg), Die Apostolischen Väter (München [8]1981)
Illich, Ivan, Das Verschwinden des Priesters, in: Klarstellungen – Pamphlete und Polemiken (München 1996)
Instinsky, H.U., Die Alte Kirche und das Heil des Staates (München 1963)
- *Johannes vom Kreuz*, Die dunkle Nacht / Die Gedichte (Einsiedeln 1978)
Jone, H., Katholische Moraltheologie auf das Leben angewandt (Paderborn [18]1961)
- *K*eel, *O.,* Gott weiblich – Eine verborgene Seite des bibl. Gottes, (Freiburg/Ue ³2010)
Kierkegaard, S., Der Begriff Angst (dt. Reinbek 1960)
Knauer SJ, P., Die „Ehelosigkeit um des Himmelreiches willen" und das Zölibatsgesetz: Stimmen der Zeit 213 (1995)
Kraus, G., Plädoyer für die Freiwilligkeit des Zölibats des lat.-kath. Priesters: Stimmen der Zeit 228 (2010), 579-588
Küng, H., Die Frau im Christentum (München 2001)
Küng, H., Umstrittene Wahrheit – Erinnerungen (München-Zürich 2007)
- *Lenzenweger, J. / Stockmeier, P. u.a.,* Geschichte der Katholischen Kirche (Graz-Wien-Köln ³1995)
Levinson, P.N., Einführung in die rabbinische Theologie (Darmstadt ²1987)
Lohse, E., Umwelt des Neuen Testaments (Göttingen ⁴1978)
Luz, U., Das Evangelium nach Matthäus EKK I/3 (Zürich-Düsseldorf / Neukirchen-Vluyn 1997)
- *Martini C.M./ Sporschill, G.*, Jerusalemer Nachtgespräche (Freiburg-Basel-Wien ⁴2009)
Matura OFM T., célibat et communauté (Paris 1967)
Memorandum zur Zölibatsdiskussion, abgedr. in *K. Rahner*, Sämtl. Werke 20: Priesterl. Existenz (Freiburg 2010) 355ff

Metz, J.B., Zeit der Orden? Zur Mystik und Politik der Nachfolge (Freiburg-Basel-Wien ⁶1986)
Müller, H./ Vogels, H.-J., Zölibat: Gesetz oder Gabe? - Ein Diskurs, in Geist und Leben 1/2006
- *Nigg, W.*, Das ewige Reich (Zürich ²1996)
- *Oraison, M.*, Le célibat (Paris 1966)
- *Pesch, O.H.*, Das Zweite Vatikanische Konzil (Würzburg 2001)
Pfau, R., Wenn du deine große Liebe triffst (Freiburg-Basel-Wien 1985)
Pfliegler, M., Der Zölibat (Einsiedeln 1965)
Pieper, J., Überlieferung – Begriff und Anspruch (München 1970a)
Pieper, J., Missbrauch der Sprache – Missbrauch der Macht (Zürich 1970b)
Pieper, J., Vorüberlegung zum Thema „Zölibat", in: Buchstabier-Übungen (München 1980), 166ff
Pieper, J., Was ist ein Priester ?, in: *ders.*, Was heißt „sakral"? (Ostfildern 1988), 42-65
Platon, Phaidon – Das Gastmahl – Kratylos (gr.-dt. Darmstadt 1974)
- *Rahner SJ, K.*, Die ewige Bedeutung der Menschheit Jesu für unser Gottesverhältnis, in: Schriften zur Theologie III (Einsiedeln-Zürich-Köln ⁴1961), 47-60
Rahner SJ, K., Der Zölibat des Weltpriesters im heutigen Gespräch (Sonderdruck Würzburg 1967)
Rahner SJ, K., Chancen des Glaubens (Freiburg u.a. 1971)
Rahner SJ, K., Strukturwandel der Kirche als Aufgabe und Chance (Freiburg/Br. 1972)
Ranke-Heinemann, U., Eunuchen für das Himmelreich (München ⁴2008)
Ratzinger, J., Zur Theologie der Ehe, in: G. Krems/H. Mumm (Hg), Theologie der Ehe (Regensburg- Göttingen 1969)
Ratzinger, J., Einführung in das Christentum (München 1972)
- *Schaller SJ, H.*, Wie finde ich meinen Weg (Mainz ²1989)
Scheid, J., Der Priester, in: *A. Giardina* (Hg), Der Mensch der römischen Antike (Frankfurt/M. 1997)

Scheler, M., Die Stellung des Menschen im Kosmos (München 1947)
Schermann, R., Woran die Kirche krankt (München 1993)
Schillebeeckx OP, E., Der Amtszölibat (dt. Düsseldorf 1967)
Schillebeeckx OP, E., Christliche Identität und kirchliches Amt (dt. Düsseldorf 1985)
Schneider, C., Geistesgeschichte der christlichen Antike (München 1970)
Schneider, G., Das Evangelium nach Lukas Kap. 11-24 (ÖTbKNT 3/2 – Gütersloh-Würzburg 1977)
Schutz, R., Unity – Man`s Tomorrow (London 1962)
Schutz, R., Dynamik des Vorläufigen (dt. Freiburg-Basel-Wien 1967)
Schwarz, F., Wenn das Reptil ins Lenkrad greift (Reinbek 2004)
Serrus, G., Land der Katharer (dt. Portet-sur-Garonne 1994)
Splett, J., Der Mensch ist Person (Frankfurt/M. 1978)
Splett, J., Freiheits-Erfahrung (Frankfurt/M. 1986)
- ***Taizé:*** Die Quellen von Taizé (von 1980 – dt. Freiburg-Basel-Wien 1987)
Talmud (Babylonischer) (München 1999 / Sonderausg.)
Tertullian, Apologeticum – Verteidigung des Christentums (lat.-dt. München ³1984)
Theißen, G., Die Jesusbewegung (Gütersloh 2004)
Theodorou, E., Die Tradition der orthodoxen Kirche in bezug auf die Frauenordination, in: E. Gössmann / D. Bader (Hg), Warum keine Ordination der Frau? Kath. Akademie Freiburg (München-Zürich 1987)
Thomas von Aquin, Summa contra Gentiles [Summe wider die Heiden] (lat. Rom 1924)
- ***Vögtle****, A.,* Die Dynamik des Anfangs (Freiburg-Basel-Wien 1988)
Vogels, H.-J., Zölibat – eine Gabe, kein Gesetz (Bad Neuenahr 2004)
Vorgrimler, H., Karl Rahner – Gotteserfahrung in Leben und Denken (Darmstadt 2004)
- ***Wendland****, H.D.,* Die Briefe an die Korinther (NTD Göttingen 1968)

ZUM AUTOR

Klaus P. Fischer, geboren 1941 in Stuttgart, studierte Klassische Philologie bei *W. Schadewaldt, W. Jens* (Tübingen) und *R. Muth* (Innsbruck), Philosophie und Theologie u. a. bei *H. Küng, W. Schulz, R. Schaeffler* in Tübingen, *E. Coreth, K. Rahner, J.A. Jungmann* in Innsbruck, *P. Henry, H. Bouillard* in Paris, *O. Semmelroth, B. Schüller* in Frankfurt/M. Beraten u.a. von *K. Lehmann* (dem heutigen Kardinal), promovierte er 1973 bei *H. Bouillard* in Paris mit einer Arbeit über die Theologie *K. Rahners*.

Er engagierte sich jahrzehntelang in Religionspädagogik, Gemeinde-, Jugend- und Patienten-Pastoral sowie in religiöser Rundfunkarbeit (Südd. Rundfunk). Derzeit Lehrbeauftragter für Theologie an der Universität Heidelberg, dazu Kurse in religiöser Erwachsenenbildung.

Schwerpunkte seines Bemühens sind von Anfang an die Hinführung zum christlichen Glauben wie auch die Lebenshilfe aus dem Glauben. Dafür waren und sind ihm die Biblische Theologie (dankbar und vielfach gestützt auf das in Vorträgen verbreitete und in einigen Manuskripten erhaltene Lebenswerk von *H. Seifermann*, München), ignatianische und oratorianische Spiritualität wichtige Quellen.

Für die letztgenannten sowie für den Geist des 2. Vatikanischen Konzils stand und steht er in fruchtbarem Austausch mit dem langjährigen Erfurter Theologen S. Hübner (jetzt Berggießhübel).

Veröffentlichungen in Buchform:

- Der Mensch als Geheimnis. Die Anthropologie Karl Rahners (1975)
- Den Klugen verborgen, den Suchenden enthüllt (1976)
- Zufall oder Fügung? (1977)
- Die Sache mit dem Teufel – Teufelsglaube und Besessenheit zwischen Wahn und Wirklichkeit (1980 – zus. mit *H. Schiedermair*)
- Gedächtnis der Armen (1981)
- *Übersetzung ins Deutsche von* M. Oraison, Was ist Sünde? (1968 / 1982)
- Gotteserfahrung. Mystagogie in der Theologie Karl Rahners und in der Theologie der Befreiung (1986)
- „Heute, wenn ihr Seine Stimme hört" – Beiträge zu einer Theologie des Kairós (1998)
- Kosmos und Weltende. Theologische Überlegungen vor dem Horizont moderner Kosmologie (2001)
- SCHICKSAL in Theologie und Philosophie (2008)
- Gottes-Dienst im Alltag. Der Apostel Paulus – Vordenker des Christentums (2009)
- Christsein als Alternative – Selbstfindung durch Glauben

Aufbruch im Glauben
mit
Papst Johannes XXIII.
von Siegfried Hübner

124 Seiten, € 9,90
Adlerstein Verlag - Bestell-Nr.: 71241

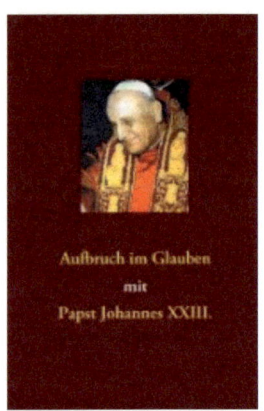

Wenn wir heute in unserer Kirche an einen Aufbruch im Glauben und im Leben denken können, so verdanken wir das jenem Aufbruch, der vor fast 50 Jahren im II. Vatikanischen Konzil (1962 – 65) begonnen hat.

Die Erneuerung, um die es damals ging und die uns heute noch aufgegeben ist, können wir aber nur recht verstehen, wenn wir auf den Papst zurückblicken, der dieses Konzil einberufen hat, und mit ihm die Kirche so in Bewegung bringen wollte, wie er es unter den „Zeichen der Zeit" für notwendig hielt. Aus den Berichten, die aus Gemeinden zu hören sind, die sich heute um einen „Aufbruch" bemühen, geht hervor, dass die Anläufe, die dazu gemacht werden, stets zu der Frage führen: Was will Gott heute von uns?

Auf diese Frage geht Siegfried Hübner ein, und daraus haben sich die Themen der Kapitel seines Buches ergeben: über Papst Johannes XXIII., über einige Ereignisse des Konzils und über unsere heute wohl wichtigste Aufgabe als Christen.

„Im Geheimnis Gottes leben"
Ein theologisches Zeugnis aus dem Raum des Atheismus
von Siegfried Hübner

228 Seiten (gebunden), € 29,80
Adlerstein Verlag - Bestell-Nr.: 71211

Dr. theol. Siegfried Hübner, geboren 1923 in Oelsnitz, war in der Zeit der DDR Studentenpfarrer in Erfurt und Weimar, Pfarrer in Pirna und Dozent für Dogmatik am Philosophisch-Theologischen Studium Erfurt.
Viele Jahre gab er das von den Zensurbehörden nicht nur kritisch überwachte, sondern immer wieder durch Einsprüche behinderte "Theologische Jahrbuch" heraus, das nicht nur katholischen Theologen half, im Kontakt mit der Theologie der Weltkirche zu bleiben.
Auch nach seiner Emeritierung (1988) ist er ein immer wieder gesuchter Referent bei theologischen Tagungen oder in Studenten-Gemeinden und nimmt zu aktuellen theologischen Problemen in der Weise Stellung, dass die wichtigste Frage, die es in der Kirche gibt, immer aufs neue ins Zentrum des Glaubens gerückt wird: die Frage nach dem unergründlichen Geheimnis, das wir "Gott" nennen.
Zwei Erfurter Kollegen legen hier zwölf seiner Vorträge aus den letzten Jahren vor.

Christsein als Alternative

Über Selbstfindung durch Glauben

von Klaus P. Fischer

72 Seiten, € 6,00

Adlerstein Verlag - Bestell-Nr.: 71243

Die Christen waren seit jeher „alternativ" zu ihrer Gesellschaft, was ihnen damals wie heute nicht selten Nachteile, ja Verfolgung einbrachte und einbringt. Das Christentum steht auch heute quer zum „mainstream" der Gesellschaft. Dabei geht es weniger um steile moralische Forderungen als um die Wiederentdeckung Gottes als Quelle für Humanität und Menschlichkeit. Viele, auch junge Menschen haben das Gefühl, die Leistungs- und Konsumgesellschaft vermittle fast nur materielle, diesseitige Werte, lasse sie aber, bei aller weltanschaulicher Toleranz, in Fragen nach Lebenssinn und Lebenshilfe allein: Hauptsache sei, dass man in seinen Pflichtbereichen bestmöglich ´funktioniere`, Persönliches aber sei „privat", dürfe Funktion und Leistung nicht berühren; wer vorwärtskommen will, müsse bereit sein, „mit den Wölfen zu heulen". Denn – sagen die Meinungsmacher – „jede(r) ist ersetzbar".

Auch verstärkt sich in der säkularen Gesellschaft die Neigung, Gott und Glaube als überflüssig, für reibungsloses Funktionieren sogar schädlich zu suggerieren. Was bei diesem Bestreben so offensichtlich ist: wo Gott und Glauben als überflüssig, ja schädlich angesehen werden, wird bald auch der einzelne Mensch überflüssig und sein Schicksal uninteressant.
Nun können Christen normalerweise nicht außerhalb der Gesellschaft leben.

Doch können sie aus ihrem Glauben kritische Alternativen für mehr Gerechtigkeit und Menschenfreundlichkeit im Sinne Gottes einbringen. Dazu bedarf es eines eigenen Urteils auch aus den Quellen des Glaubens. Die Frage des Philippus an den äthiopischen Kämmerer: Verstehst du auch, was du liest ... hörst, überliefert bekommen hast? (Apg 8,30), sie ist in jeder Generation aktuell. Denn Christen begegnen Gottes Wort im Menschenwort der Bibel, müssen es also suchen, um es zu finden. Wer dem ´Ur-Christen`, Jesus Christus, folgt, muss aber damit rechnen, wie er von manchen abgelehnt, als „Tor" oder „Narr" abgetan (1Kor 4,10.13) zu werden. Das kann Kreuz und Zeugnis in einem sein.

SCHICKSAL
in Theologie und Philosophie

Klaus P. Fischer

360 Seiten, € 49,90

Adlerstein Verlag - Bestell-Nr.: 71249

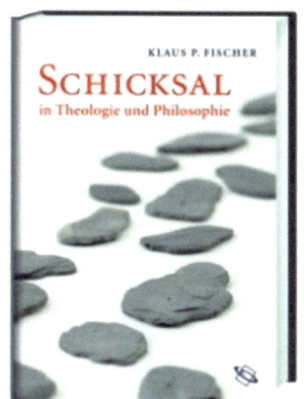

Menschen stehen oft hilflos vor den Zufällen des Lebens, vor Schicksalsschlägen, die von einem Moment auf den anderen alles umstürzen. Was ist eigentlich Schicksal?
In diesem Überblickswerk wird der zentrale Begriff menschliche Exixtenz geistesgeschichtlich beleuchtet.

Dabei kommen sowohl theologische Autoren (von den Kirchenvätern bis Benedikt XVI.) zur Sprache, als auch Philosophen (von Platon bis Luhmann), aber auch literarische Zeugnisse der Schicksalsbewältigung wie in Homers Odyssee oder Reinhold Schneiders Winter in Wien bzw. musikalische Deutungsversuche von Bach bis Beethoven.

Dieses Grundwerk führt die Fülle der Antwortversuche auf Leid und Sinnsuche vor und stellt so ein zentrales Referenzwerk dar in einem Bereich, der Menschen immer wieder beschäftigen wird.

Zufall oder Fügung
von Klaus P. Fischer

80 Seiten, € 7,90

Die hier vorgelegten Überlegungen zu der Frage „Zufall oder Fügung?" möchten eine Denkhilfe sein, ein Denkanstoß. Sie berühren eine Frage, die von vielen nachdenklichen Menschen empfunden, aber selten artikuliert wird – wohl deshalb, weil ihre Formulierung Verlegenheit auslöst – etwa bei Rückfragen nach Beweisen – und nicht selten den Spott der Selbstsicheren und Pragmatiker hervorruft. Es erfordert also Mut, sich dieser Frage zu stellen und sich auf die Suche nach Klärung zu begeben. Dabei ist zu entdecken, dass der Mensch nicht nur aus und mit Hilfe von beweisbarem Wissen lebt, sondern auch – sogar tiefer – aus dem ´Gefühl`, aus Ahnung und Intuition, aus jenem „feinen Sinn", der – nach Pascal – das Erkenntnisorgan des Herzens ist.

Das Herz hat bekanntlich Gründe (raisons), die der Verstand (la raison) nicht kennt – „das erfährt man in tausend Dingen". Es gilt auch von der Erfahrung der Gegenwart und heilsamen „Fügung" Gottes an Kreuzungen der Lebensstraßen. Denn – so wieder Pascal - „Gott ist für das Herz erspürbar, nicht für den Verstand" – und darin bestehe der Glaube (Gedanken fr. 278).